生态与生长

——为学生成长营造和谐生境

谭娟 著

上海三联书店

守望成長
滋養綻放

二〇二二年
八月廿日安亭
陳萬鳴
小學 華東師大
楊九紅

THANK YOU
FOR ALLOWING
US TO VISIT TODAY.

YOU ARE A SCHOOL WHICH
IS GROWING EACH DAY AS
YOU TENDERLY CARE FOR
THE NEEDS OF YOUR STUDENTS.
CONTINUE TO CULTIVATE YOUNG
LADIES AND GENTLEMEN WHO WILL
BECOME PRODUCTIVE, VALUED
CITIZENS.

SINCERELY,
DR. KEVIN MILLER
JUNE 13, 2012

以自然的生态，守护生命的自由生长

（序）

据《东湖县志》记载:“绿萝溪，在城东门外二里，发源于东山寺右，经庞家溪、沙溪入江。”文人墨客在绿萝溪畔留下了无限感怀，如“绿萝结高林，蒙笼盖一山”（郭璞），“翠藓苍崖森古木，绿萝盘石暗深溪”（欧阳修），“已驾巾车仍小驻，绿萝亭下听莺声”（陆游），“绿萝溪上月，请与结为邻”（雷思霈），“绿萝溪上绿萝低，青草滩边青草齐”（严思浚）……为绿萝溪的景色留下精彩篇章。可见那时的绿萝溪，风景是多么的清幽曼妙。绿萝溪流淌至今，变成了一条路，而路上多了一道清丽的风景——生态感十足的宜昌市绿萝路小学。

学校在清雅秀丽的校长带领下，自创校之日起就把清新自然的生态理念引入办学的全过程，不仅秉持可持续发展的发展愿景与构想，而且以“自然的生态、自由的生长”的办学理念为依托，从校园环境、生态管理、生命课堂、生聚课程、生活德育、生长评价各个领域展开扎扎实实的探索，形成了一套完整的学校运作体系，回答了学校如何遵循教育规律和生命节律，如何为儿童营建出美好的生态校园，如何以开放平实的心态守望自然丰润的生命生长等诸多基本问题。

相信你能很快被本书的目录所吸引:“清雅的生机校园”、“和谐的生态管理”、“灵动的生命课堂”、“多彩的生聚课程”、“本真的生活德育”、“增值的生长评价”……校园就是一个生态，是一个崇尚自然的社会生态园;外显的景观隐含着内在的理念，而内在的理念有必须经由目标、组织、制度、仪式庆典、故事传说以及可视化景观来表达,这就是文化的“显隐相生”。生态的学校需要生态的管理,其组织、制度、流程和方式等等,也都统摄于自然、自由、和谐这些价值理念之下。针对传统课堂模式化、功利化和不平等等忽视生命存在、缺乏生命关怀等问题和弊端,学校提出了“生命课堂”的创建任务并聚焦若干专题展开深入研究。为生命课堂源源不断提供资源和学习机会的,是“生聚课程”,从顶层设计到开发实施,学校从学科课程和主题课程两个维度进行了持续的创新与建设。让生活式德育回归本真,让生长性评价更具增值的功效,学校也展开了有价值的探索与实践。本书最后两章以案例和故事的方式呈现,读来既觉得丰富细腻又感到十分亲切。全书是校长及教师团队数年实践变革的经验提炼和智慧结晶,反映了学校改革和发展的共性特征,也能为学校开展的具体实践提供借鉴和参考。下面谈谈我对绿萝路小学“自然的生命,自由地生长”这一理念及办学实践的几点思考:

生态的教育是尊重天性、顺应自然的教育。崇尚自然的教育思想,大概经历了从哲学到生物学再到生态学的发展。这一思想在源远流长,由亚里士多德的自然主义教育思想开始,经过了从夸美纽斯、卢梭、裴斯泰洛齐到福禄贝尔、第斯多惠、蒙台梭利和杜威的阐发和推动,其基本特点可概括为:崇尚自然,以自然为中心;人性本善的假设;自然适应性原则。总的来看,就是将儿童的成长看作是自然而然的事情,教育者要做的是为这种自然的成长提供一个良好的环境,尽量减少一些外在的压力和人为的干扰。1976 年,美国教育家克雷明提出教育生态学概念,开始以生态学视角研究教育,随后美国课程专家古德莱德进一步将该视角引入学校变革,考察了与传统的线性变革模式所不同的生态变革模式,并将学校当作由班级生态系统构成的复杂系统。到今天,生态视角已经进入课程和教学等更为微观的学校教育层面。不同层面引入生态观念考察教育现象和问题,体现了正视教育复杂性的共识。以中国哲学话语来解释,则是“天地位焉”,才有“万物育焉”。

生态的教育是促进学生充分自由发展的教育。主张自然教育的教育家,一般同时也主张自由的教育,如亚里士多德、卢梭、蒙台梭利、杜威等,概莫能外。杜威在其《民主主义与教育》中，将“生长”这一概念引入教育，并对其进行了深刻的阐述，从而使之成为实用主义教育哲学的重要概念。由于杜威这一思想实际上是受达尔文进化论的影响而产生，因而也可视为生态视角的产物。根据杜威的观点，“生长”可视为主体通过各种活动，使其自然天性不断生发、壮大和改造的过程。这里所说的自然天性包括了交往、建造、探究和艺术四种基本的本能或冲动。作为基础教育学校，促进学生“自由生长”可理解为基础性的生长、自主性的生长和个性化的生长。正如卢梭所言，大自然希望儿童在成人以前要像儿童的样子，如果我们打乱了这个次序，我们就会造成一些早熟的果实。

生态的教育也是尊重差异、让学生各得其所的教育。自然是千姿百态的，生命是千差万别的，成长和教育的过程也是千变万化的，因而自由生长必须是个性的生长，生态的教育也必须尊重差异、让学生的成长各得其所。我国教育家孟子所讲的“孔子教人，各因其材”，表明当时的教育家已经意识到并开始重视人的发展的差异性，教育要取得成效必须有的放矢、因势利导、顺性而为。加德纳的多元智能观可视为当代版的因材施教观，他超越了以往学术界独尊数理逻辑智能的局限，承认人的智能有不同的组合，如语言智能、数理逻辑智能、空间智能、身体动觉智能、音乐智能、人际智能、自我认知智能等等。不同的儿童在这些智能方面可能会表现出不同的倾向，而每一种倾向都是值得尊重的。基础教育就是要善于发现这些差异，尊重不同的个性，并针对其不同倾向，采取相应的促进措施，使每个生命个性各得其所、各展所长、优势发展。

最后想说的是：做生态的教育，一定要有好的心态。这所谓的好，就是淡定、从容。惟淡定从容，才有舒缓而优雅的教育过程状态，才有自然而然自主自由的个体发展势态，才有各美其美、美美与共的中国教育好生态！

杨小微

华东师范大学基础教育改革与发展研究所所长

2019 年 8 月

绿萝路小学赋

人类进步，靠教化之功；社会发展，赖文明之力。是故盛世，必修学堂，以供传道授业解惑之所。

七九开放以来，城郭地域日广，人口居住日稠，而学校不能满足形势发展之需，尤以东山新区为甚，为解学童上学之虞，西陵区政府投巨资建成绿萝路小学，占地近八千平方，校舍之现代，设施之先进，不惟领西陵之先，比之宜昌诸县，亦可列于前茅。

学校座落于东山之巅，登楼远眺，长江汤汤而去，博大气象，蔚然于胸；凭栏近观，东山娓娓而来，堆蓝叠翠，生机盎然。古木华盖，虬枝伸展，林涛低吟，清风徐来。春育万物，肇生命之始；夏绽百花，呈艳丽之容；秋现斑斓，展多彩之貌；冬蕴醇静，示安详之态。鸟啼朝霞，其音著金光之色，蝉鸣暮霭，其调染绿叶之韵。琅琅书声响起，缭绕茂林之杪，盘旋修竹之巅，盈盈和于天籁，此天人合一之美，世间何物可以媲之？教书与此，幸莫大焉，求学于斯，乐谁比矣！

古时绿萝，环境幽静，文人雅士，多游与此。西晋郭璞、北宋欧阳修，南宋陆游，幸游绿萝，皆有名句传世。文人墨客足迹所至之地，修建学校，上承先圣之遗风，下传后世之文脉，薪火相传，绵延不绝，是为幸事也。

绿萝者，藤蔓也，善攀援，生命力甚为顽强，路以植物而名，校以路名，既便识记，更具象征，师生皆以绿萝自喻，顽强奋进，不懈攀登，以成栋梁之林，以汇人才之流，校之幸甚，邦之幸甚，国之幸甚。

温新阶

2010年 初冬

目　　录

第一章　清雅的生机校园

建立一所自然生态、充满生机的校园，首先是高起点的规划、高品位的设计。运用生态学的基本原理与方法规划、设计、建设、管理及运行的人与自然关系和谐，布局大方、结构合理且自然环境优良，打造物质、能力、信息高效利用，且对环境友好的集学习、工作、活动、休闲功能于一体的人工生态系统。其次要围绕物质文化建设，解析和研究精神文化内核，确立文化生发点，包含校园的绿色美化、学生和教师文化的架构和内涵延伸，最终诠释出符合校园发展愿景的办学理念。

第一节　自然生长的办学理念

2010 年 9 月，宜昌市西陵区绿萝路小学落成开学，学校坐落在绿萝路，因此得名。学校建筑现代大气，设施一流，古木参天，绿树环绕，闹中取静。但是，与这些“硬实力”相比，学校发展的“软实力”——学校文化却是零起点，没有历史底蕴，没有文化积淀，没有现成的文化传承元素。新学校就像一张白纸，加快发展，必须尽快建立自身的文化系统。

教育学者朱永新提出，一种成熟的学校文化，总是有一个明确的理念统摄着学校生活的一切领域，这个理念，就像一轮太阳，照射到学校生活的每个角落。无论是学校管理，班级文化，教研风气，乃至于各种活动，总是这个灵魂的体现与实现，是朝向这个灵魂的一种努力。一所学校的定位取决于多方面的因素，从学校发展的纵向层面来说，应关注学校的办学起点，即想办一所什么性质、怎样规模、乃至何种风格的学校等等；从横向层面来说，要关注学校所处的地理位置、区域环境以及生源等诸方面因素。学校发展的定位,应该是努力寻找学校纵横影响力的交叉点,围绕这个交叉点来论证学校的办学目标和发展愿景。

应该办成一所什么样的学校,学校该给孩子们什么样的教育?绿萝路小学做了以下探索。

一、根植绿萝精神

绿萝路原为一条溪流,名为绿萝溪,据《东湖县志》记载:“绿萝溪,在城东门外二里,发源于东山寺右,经庞家溪、沙溪入江。”古时绿萝溪,风景清幽曼妙。早在西晋时期,主持修建天然塔的文学家郭璞发现绿萝路一带林木茂盛,郁郁葱葱,于是把这一美景——“绿萝结高林,蒙笼盖一山”写进自己的游仙诗里。明代夷陵名人雷思霈、清代严思浚等文化名人先后来到东山寺旁绿萝溪畔游览,留下了一首首脍炙人口的诗歌,“绿萝溪上月,请与结为邻”(明·雷思霈),“绿萝溪上绿萝低,青草滩边青草齐”(清·严思浚)。可以说,绿萝路是名人汇聚,蕴含深厚的文化底蕴。基于其地理位置和地方志中的历史记载,也源于对绿萝植物的亲近感,学校对绿萝的特性进行了解析和研究。

1.“绿萝”的本义

绿萝究竟是什么样的植物呢?绿萝又称女萝、松萝,俗名菟丝草,是一种攀援植物,有蔓藤。陆机解释说“蔓松而生,枝正青”,屈原的《山鬼》云:“被薜荔兮带女萝”,是山鬼女神喜欢的香草之一。绿萝有生机盎然的绿和不枝不蔓的叶,更有顽强的生命力。只要温度合适,有一丁点儿水它就能活,而且繁殖力很强,掐一小段扔土里就能生根发芽,又被称为“生命之花”。

2.“绿萝”延伸的教育内涵

绿萝的生长顺应自然规律,其积极向上生长的精神本质与现代基础教育的根本诉求有异曲同工之妙。教育是农业,培养人犹如养绿萝,施以水分,利于生长,即要“顺木以天,以致其性”。真正的教育就是让每一棵树、每一根草顺应规律，以适宜的方式生长，让每一个孩子以自己的姿态成长。于是，绿萝路小学把绿萝的生机与教育生机结合起来，从校名入手，以“绿萝”这一植物为象征物，把“绿萝”作为生发点，从绿萝内涵意向延伸，诠释教育的理想，即根植绿萝精神，为每个个体生命创造适宜的生长环境，让每个孩子绽放出生命之花，培养出犹如绿萝一样乐观积极、向阳生长的少年儿童；同时教育者要像绿萝一样秉承教育理想，并敢于追寻自己的教育梦想，享受教育的幸福。在绿萝路小学，大家期待每一片绿叶都摇曳幸福，每一张笑脸都绽放希望。

二、尊重个体生命

基于学校诞生的时代背景，以及对时代教育命题的回应，由“绿萝”延伸出的“自然的生态、自由地生长”的办学理念应运而出。我们提出打造特色鲜明的“绿萝文化”校园，以“生命”为核心，以“绿萝”为载体，以“追寻梦想，绽放生命”为校训，统筹思考学校文化建设，让师生在生机盎然的“绿萝文化”滋养中丰润心田，让“生态、生命、生长”成为学校文化的显性因子，营造自然生态的物质文化环境，让师生自由生长。

1.“自然的生态、自由地生长”办学理念体现现代教育的理想诉求

教育是直面人的生命、通过人的生命、为了人的生命质量的提高而进行的社会活动，是以人为本的社会中最体现生命关怀的一项事业。教育就是要让所有的生命获得最大的发展，学校应该是一个“生命场”，师生的生命在校园中得到充分的尊重，生命质量得到提升，生命之花在校园里精彩地绽放。学校的办学理念就是以尊重生命为前提，真诚地倾听不同生命成长的节律，为学生营造一种生命成长的生态氛围和意境，真情地关注每一个生命，呵护每一个生命，耐心地期待每一个生命的成长。学校教师在实现自我生命价值的同时，成就学生生命的健康成长。

“自然生态”意味着既能给师生提供选择成长的机会，又能帮助他们发展不断生长的意识与能力。具体而言，主要包括两点：第一，多样共存，各得

其所。自然生态之“自然”,在于还原生态的本来面貌。而生态之所以为生态,在于它是各种生命的共居之所,在于每个生命都能在其中找到自己的理想归宿。正是由于各种具有差异的个体的存在,才在他们的互动过程中,营造出了充满活力的整体生态,这就是复杂体的基本特征。它容许不同个体的存在,让每个独特的个体都具有选择成长的机会。学校也应该成为每个师生精神的家园,让他们在其中吸收到可以生发其自然天性的营养,实现其生命的自由生长。第二,优势发展,各有所长。生态是不断进化的,进化的特点是保持各种生命体的优势,使哪怕再脆弱的生命,都有其独特的长处和生存的价值。

“自由生长”,意味学生按着自己的自然天性,遵循自己的生命节律,通过自主的主体活动,实现自身潜能的过程。这里的自由不是放任自流,而是尊重学生生命发展规律,不断唤醒、激励、鼓舞,为学生营造一种生命自由成长的生态氛围和意境,实现孩子个体生命的真实成长,达到“大家不同,大家都好”。“自由生长”可理解为基础性的生长、自主性的生长和个性化的生长。第一,基础性的生长。自由生长是基础性的生长。强调儿童发展的基础性,是对其生命节律的尊重。从整个人生的发展来看,儿童是其终身学习与发展的基础阶段,打好基础是其主要的任务。第二,自主性的生长。生长是内在潜能的生发,由潜能转变为现实,有赖于个体自身的能动活动,任何他人(包括教师)都无法代替。没有自主的活动,学生的自主能力无法成长起来,其他的素质的成长也会因为自主活动的缺乏而受到限制。自主是学生生长的基本前提,它本身也是儿童基础性成长的重要内容。第三,个性化的生长。自由生长是顺应其自然天性的生长,而儿童的自然天性除了具有其同特点之外,还具有个别差异。教育就是要善于发现这些不同的个性,并针对其不同倾向,采取相应的促进措施,使每个生命个性各得其所,优势发展。①

① 汤姆·彼得斯、南希·奥斯汀.追求卓越的激情[M],北京:中信出版社,2003.

2.“自然的生态、自由地生长”办学理念体现现代社会人的价值取向

教育是为了学生未来幸福生活奠基，培养的是一个个具有幸福生活能力的个体。从孩子人生幸福而言，每个人拥有自己的梦想，具备为梦想而奋斗的精神和能量，并通过努力实现个人梦想就是成就其人生。从人才观而言，它包含培养学生乐观、向上、自信、坚强的良好心理品质，扎实的知识基础，健康的身体，让学生不断地求真、向善、至美。

三、架构整体育人

学校以“清雅的生机校园、和谐的生态管理、多彩的生聚课程、灵动的生命课堂、本真的生活德育、增值的生长评价”为实践路径，构建立体多维的校园生态文化体系，引领教师教育行为，从而实现办学理念的落地生根，以整体育人的实践培育具有完整生命意义的人。

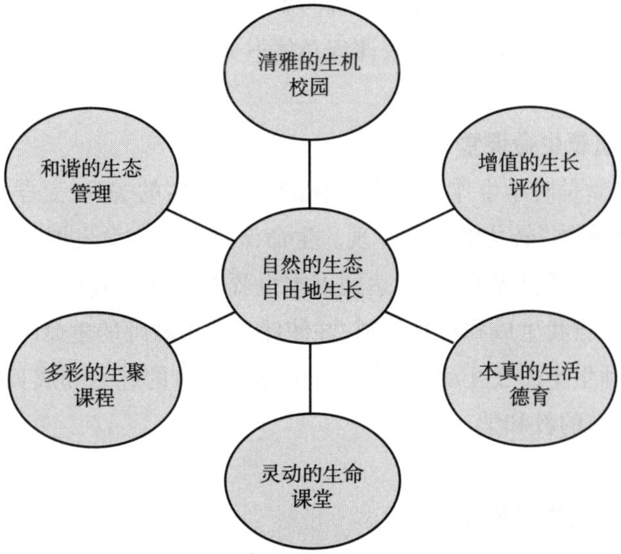

图1－1　绿萝路小学办学路径

（一）践行生态管理

在“自然的生态、自由地生长”办学理念的指导下，绿萝路小学始终将人的生命发展作为出发点，制度、规范流程的制定与实施等方面遵循人的发展需要，充分尊重人、信任人，力求最大限度发挥人的潜能，形成以人为中心的同心圆式管理模式，即教师为学生服务，管理者为教师服务。通过学生自治，教师、家长参与管理等方式，促使三方和谐共进，让管理更加生态。

（二）统合生聚课程

生聚课程是聚焦儿童生命成长，聚焦学生核心素养的发展，聚力多方资源和人才优势，对课程进行统整和开发。课程是学校的立根之本，是学校可持续发展的不竭动力，是学生个体发展、自主生长的跑道。绿萝路小学通过对国家课程的二度开发，对校本课程的本校开发，围绕学生成长核心素养和课程整合，逐步形成了一个学校课程总体框架。

（三）重塑生命课堂

生命课堂是对学生作为生命存在的客观现实的关注，是学生观从“认知体”到“生命体”转化的具体体现。生命课堂应以生命发展为出发点和落脚点，通过对生活世界的关注，达到书本世界和生活世界的结合，使学生得到自我展示、自我生成和自我超越，并使课堂成为教师的生命历程的重要组成部分，让师生生命在互动、情感交流中感受生命的魅力和成长，完成充满生命价值追求的教和学。

（四）崇尚生活德育

生活处处有德育，最好的德育是浸润在生活中，化有形为无形，化教育为行为，无痕迹的教育，是德育的最高境界。绿萝路小学倡导学生的日常生活化为动态生成的德育资源，让学生自我教育，自我管理，着力培养“乐观、向上、自信、坚强”的绿萝少年。

（五）实现生长评价

师生的发展就像植物生长一样，有一个自我增值的过程，而评价恰好是促进实现增值的有效方式。它是基于师生个性发展的一种真实、多元、可靠的评价，我校基于信息技术、多元活动和长程观察的生长评价，侧重于学习过程、教学过程的评价，学生成长、教师发展的阶段评价，具有长时性和可行性。

第二节　自然生态的校园景观

办学理念从宏观上统领学校的运行和发展，决定了学校文化的方向，理念的实施与贯彻反映在微观的物质、精神、制度、行为等层面。一尊雕塑、一幅壁画、一株花草、只要安置得合理，就可以收到很好的艺术熏陶效果。“学校物质景观一旦所携带的历史、文化和科学的信息获得美的形式，那么它就会在人们的视觉心理上留下深刻的印象，进而引导人们对学校形象进行深入感受和领会，使师生的情感、态度和价值观受到潜移默化的影响，形成学校形象在师生精神世界的审美积淀”。因此，要以学校的核心价值观为依据来进行学校物质景观设计，让学校物质景观成为凝固的音乐，把教育理念反映在具体的学校环境和形象建设之中。

办学之初，绿萝路小学首先在物质形象上着手，将校园景观视为学校物质形象最重要的、最显眼的部分，建立了独具个性，有典型自然生态风格的视觉形象，学校把办学理念融于物质文化设计，通过绿化、空间布局、学校建筑等人文景观凸显校园显性文化，艺术化地表达出“自然的生态、自由地生长”的学校理念。如今，走进绿小校园，处处流淌着一种童趣童真的味道和生命勃发的气息。

一、绿色润泽心灵

绿色代表向上的生命力与生长力，它是大自然各种生命色彩旋律中的主色调，自然、宁静，和谐而鲜活；绿色又是春季的象征，小学阶段正是人生的春天，我们希望孩子播下种子，收获美好人生。于是，我们把绿色作为校园主色调。

1. 学校景观——融合“绿”的色彩

走进绿萝路小学，绿藤蔓延、绿萝舒展、香樟高耸、翠色欲流，在多彩的教学楼外墙上增添一抹绿色，将平面绿化与垂直绿化相结合，增强空间的律动感，形成立体的绿色空间；攀岩墙上的“绿帘”垂下，让校园成为满眼皆绿的花园，更是学生健康成长的乐园。我们通过创设自然、舒适的校园环境，融绿于校，让绿色布满校园，融绿于心，让绿色润泽心灵。

我印象最深的便是操场旁的那颗古树，叶在风中摇曳，身在云中挺拔，它就在那里不离不弃，见证了我从懵懂无知到半知半解，再到风华正茂的六年成长时光，刻在一圈又一圈的年轮里，等待我的归来……古树的精神在我们心中，我们也会带着它，各奔东西，寻找属于自己的那片天地，我爱学校，更爱那棵古树！

（601 班　熊昱洋）

2. 学校符号——注入“绿”的标识

校园丰富生动的符号系统也与“绿”紧密相连。以绿萝叶的变式为校徽、注入了“绿萝”标识的班牌、学生自主设计的吉祥物“绿宝”构成了学校文化的符号系统，校报《新绿》、校刊《绿萝蔓蔓》……校园符号处处皆有绿，绿萝形象深入人心。在学校网站、校园宣传栏以及信封、听课本上也处处显现着绿小的个性文化元素。师生置身于自然清雅的校园中，一种无形的认同感与自豪感，润物细无声地走进师生心灵，以生命润泽生命的教育理念潜移默化影响着每个人。

二、空间孕育成长

1. 多功能廊空间

校园空间也是潜在的课程，影响着学校教育的效果，是学校教育生态重要的构成，廊空间更是学生进行交往活动的主要空间之一。绿小把廊空间与公共空间结合，承载着多功能的活动空间，促进了师生之间、同学与同学之间的交往行为。藤椅和遮阳伞为师生提供休息交谈的场所，开放宽敞的走廊布置成供学生集会、活动的小型开放空间，让学生有游戏聚会的空间；涂鸦墙在不同时期、不同阶段，展现不同作品，如彩绘楼梯间、绘本创意绘画等，经一段时间展示后再重新更换布置；“钢琴角”是钢琴迷展现自己的舞台，或低吟、或浅唱，令人回味无穷；学校微机室桌子是“六边形”设计，既方便教学，也有利于孩子们学习、讨论、合作，节约空间，又美观大方。多功能廊空间的有序、智慧和开放，有效提高了廊空间的空间品质，让学校充盈着灵动，学生的身体和头脑也跟着动起来，每个孩子享受着空间创意的乐趣。

2. 青青园

校园里面有个半坡，上面有个植物园，名为“青青园”，取自《汉乐府诗》：“青青园中葵，朝露待日晞，阳春布德泽，万物生光辉”，一首励志的古诗，用在校园，时时激励学子，同时也寓意教育如阳光普照，让每个孩子都能健康成长。

“青青园”中绿萝亭下，是学生课间休息看书的好地方。南宋著名诗人陆游在享受了绿萝溪的美景后写下了：“已驾巾车仍小驻，绿萝亭下听莺声”的诗句，学生在绿萝亭下比膝执卷，神交圣贤。

它还是“植物迷”、“昆虫迷”的宫殿，学生心中的“秘密花园”，光滑的青石板、高大的香樟树、紫红的皂荚；别致惊鹊，清风鸣蝉，桂香扑鼻，一个可动可静的好去处。

今天头两节课是语文课,课里的内容是古诗《咏柳》:碧玉的柳树像刚刚打扮的美少女,柔美的枝条好像万千条飘垂的绿丝带。不知道这绿叶是谁的巧手裁出,原来二月的春风好像一把灵巧的剪刀。这首诗让我对生机勃勃的春天,欣欣向荣的大自然充满了无限的钟情与热爱。

鲁迅有“百草园”,绿小有“青青园”。下课了,我急急忙忙的奔向校园的青青园,去探访春姑娘的脚步,小燕子拖着剪刀似的尾巴,在树枝上欢快的叫着。枯黄了一个冬天的小草,顶出了嫩嫩的绿芽。啊!这美好的春色,意味着新的开始,新的收获,新的希望!

不知不觉就要放学了,真希望在学校多待一会儿呀!

(602 班 蒋雯婧)

3. 屋顶花园

学校的建筑面积并不算大,但用心于空间的开发和利用,使许多角落和空间顿时活络起来,并增加其利用价值,如原本荒废的楼顶空间,经过铺草坪、围围栏的改造后，变成学生种植基地，将开放性空间与课程结合，以种植活动为内容创设课程，学生在快乐的种植中增知识、长智慧。

4. 清心坊

学校教师茶歇室设计别致、大气、整洁、成了老师们休闲喝茶、品尝咖啡、静心读书、交流读书心得的愉悦场所，既减缓解了教师的工作压力，也是引领教师爱上读书，提升精神生活幸福指数的有效场所之一。

第三节　自主发展的学校文化

“自然的生态、自由地生长”的办学理念不仅反映于物质文化中，还着重体现在学校精神文化层面。学校的精神文化就是学校所具有的一种相对稳定的价值结构和价值秩序。它是学校群体在长期的教育教学实践中积淀起来的，在共同的情感、认知和意志中体现出来的共同氛围、行为以及价值观，是学校文化最本质、最集中的体现。学校的精神气质藉由学校的各生命性文化要素来表达：一是受教育者，即学生文化，二是教育者，即教师文化，三是管理者，即管理文化（此部分下一章详述），“学校精神文化的建设过程实质上就是这三种生命及学校精神文化内容之间的不断交流、对话和融合的过程。”①通过这些具体要素，促使学校完成育人、成人的使命。

绿萝路小学回归教育的生命立场，“自然的生态，自由地生长”的办学理念的核心是为师生营造适合生长的生态环境，尊重生命，让每一个师生自主发展。

一、教师文化建设

绿萝路小学的教师来自不同地区，不同学校，他们的生活背景、工作经历背景等都留下了各自的烙印。学校需要用文化凝聚团队，因此，学校确立

① 欧文斯. 教育组织行为学[M]. 窦卫霖，温建平译，北京：中国人民大学出版社，2007.

“尊重、公平、合作、创新”为教师价值观,增强教师对学校文化的认同感与归属感,引领价值认同,提升教师文化自信。

(一) 价值引领

教师文化和学校文化具有同质性,学校管理者将教师发展的目标不仅定位于学校发展和教学成绩的提高,而更多地应在于“促进成员单位学习进步和个人成长与发展,鼓励不断成熟,增进自信和自尊、满足感、主动性和对自己行为的责任感。”①因此,学校首先以各种方式促进教师价值观的引导与重建,以克服教师文化中存在与理想的教育价值观不符的问题特征,使其合理地精神定位,促进教师文化自觉和文化自信的养成。

1. 尊重

从尊重学生、尊重家长、尊重同事、尊重领导,无论对方身份,职位高低,均应该平等对待,欣赏和感谢。能够体谅学生需求,理解学生、家长和学校多方的需求,平衡不同需要,努力实现共同愿景,站在学生、家长的立场思考问题,提出解决问题的办法,最终达到学生、家长和学校都满意。

(1) 尊重他人,随时随地维护学校形象。

(2) 微笑面对他人,耐心倾听学生与家长需求。

(3) 主动在工作中为学生解决问题,主动承担责任,不推诿。

(4) 站在学生、家长的立场上思考问题,达到学生、家长和学校各方满意。

(5) 用欣赏的眼光看待他人,发现优点借鉴学习。

2. 公平

每一个学生都应该享有公平、优质的教育服务。教育公平的目的在于追求个体自由全面的发展,“让每一个孩子都对自己有信心、对未来有希望”,让每一个孩子共同享有人生出彩的机会,共同享有梦想成真的机会。

① 车丽娜. 教师文化嬗变与重建[D]. 山东师范大学,2004.

在教育活动中公平地对待每一个学生，在他们的心中播下公平的理念，是教师义不容辞的责任。

（1）亲和对待每一位学生。

（2）给每个学生享受同等的学习机会与空间。

（3）让每一个孩子、家长都有机会参与班级（学校）管理。

（4）注重教育细节公平，主动发现并解决常被忽视的不公平的现象。

（5）人人都是主角，促进个体自由全面的发展。

3. 合作

教师合作是指教师在日常工作和生活中自然而然地生成的一种相互开放、信赖、支援性的同事关系。教师合作是深层次的、持久的，是通过时时刻刻和每天的逐步潜移默化而形成的。在行为上表现为教师日常教学和专业发展中的互助、支持、信任和坦诚，教师远离了排他性的竞争。在价值观念上，要求教师们对一定的教育价值观给予广泛认同，教师之间应该具有广泛共享的价值观和目的观，具有共同的专业语言，以及使所有学生都发展的承诺和责任感，教师们能够为了共同的教育理想而共同协作和学习。

（1）积极融入团队，配合团队完成工作。

（2）团队形成决策前积极发表建设性意见，充分参与团队讨论；决策后，无论个人是否有异议，必须从言行上完全予以支持。

（3）积极主动分享业务知识和经验；主动给予同事必要的帮助；善于利用团队的力量解决问题和困难。

（4）在工作能发现同事的不足，提出善意的建议，充分体现“对事不对人”的原则。

（5）积极正面地影响团队，改善团队士气和氛围。有能力和水平带动团队整体水平提升。

4. 创新

我们处于变化的时代，拥抱变化是一种心态；要有乐观的心态面对任何挑战；从日常工作的小变化，到教育大变革；从传统教学方法到现代教育方式的改变;从被动接受变化到在工作中主动创新等皆属于创新的范畴;被动的接受变化最基础的是不抱怨,然后能够诚意配合,影响和带动同事;不抱怨并非是遇到问题,不能讲出来,这里讲的是要选择正确的渠道去反映,而不是在团队里一味的抱怨,对解决问题没有帮助,反而使团队气氛变得不好;拥抱变化不仅仅是被动的接受一些变化,更高的境界是在对工作充分了解的情况下能够采纳更富有创新的解决方案。创新意味着做别人想做没做的事情,别人做了没做好的事情,做别人想也没想过的事情。

(1) 适应工作的日常变化,充分沟通,不抱怨。

(2) 面对变化,理性对待,诚意配合。

(3) 迎接变化,能自我调整,并正面影响和带动同事。

(4) 勇于创新,建立新思路、新方法。

(5) 在工作中有前瞻意识,创造变化。

(二) 制度引领

教育组织的独特之处在于其教育使命,要最大限度的发挥教育使命,就要建立制度引领。学校制度文化的建设本身是一个过程,不是一个结果。学校通过讨论、交流的形式共同拟定制度文化,将教师原来已经认同的学校管理制度传承下来,在反复讨论和不断梳理中,引领教师对学校制度文化的全面认同,促使大家融入新环境、新氛围,每个人都得到新的认识与发展,同时也赋予了学校发展的生命力。

1. 建立发展共同体

第一,成立“绿萝读书联盟”。学校创造教师专业阅读条件,建立健全教师读书制度。固定间周一次读书时间,间周举办一次读书沙龙或世界咖啡头脑风暴,倡导教师平时阅读,由校长推荐书目或自选书目,书写读书笔记,并建立自己的教育博客。学校开展“我与绿小共成长”、“教育创新分享”、“我与绿宝有约”等演讲活动,让老师们将书中理论与自身教育教学故事相结合,提升教师的文化素养。

第二，建立项目研修团队。教师以自身特长和兴趣为基准，抱团组建研修项目，目前，学校有体育联盟、家庭教育、STEAM 课程、阅读教学、智慧教育和入职导师等研修组，各团队研究计划、过程进展和成果汇集，极大促进了教师自主探究文化的形成。

第三，丰富教师课外活动。学校开设瑜伽、篮球、棒击操、竹笛等丰富多彩的教师社团活动，丰富教师的文化生活，创造和谐健康的工作氛围，让老师们在团队中体验到生命的活力，在工作之余拥有自信、健康、快乐、从容的心情。

2. 赋权教师

教育管理重心下移，给教师参与管理和专业发展留出相应的制度空间。学校通过对教师的适当赋权使教师主动参与改革、管理过程。这样，在整个教育改革的运行系统中，始终洋溢着一种积极参与的热情和主体责任感，激发教师自我发展意识。

第一，"被动管理"转为"主动管理"。通过"尊重、公平、合作、创新"的核心价值观引领和制度保障，学校充分尊重教师，将管理权下放给年级组长，由年级组长和组内教师共同对学校管理出谋划策。学校将班级管理权分权给主辅班主任，中层干部定期对全体教师集中培训，从如何做好班级管理、处理学生伤害事故等方面培训，提高了教师主动参与管理的能力，同时设立 20 多个岗位，让教师自愿认领，参与学校管理。

第二，教师由"课程实施者"转为"课程领导者"。以往的课堂，教师拿着统编课本和教参按部就班的上课，布置作业，失去了教育的自主权和创新力。学校将课程的开发权还给教师，让教师获得更大的专业自主空间，通过一系列课程培训和外出学习，增强教师课程改革的自省意识。通过"集体备课 + 微课题研究"的教研模式，实现了自主自发的研究状态，为课程改革注入了活力。目前，全校教师自主开发"绿宝 i 学"微课达百余节；教师整合语文和美术、数学和科学等各学科为综合性课程 24 节，培养学生核心素养；教师大胆创新教学内容和教学方法，学校每年评出"创新课堂"，逐步实现教师自主、自为的学术追求和价值探索。

3. 专家引领

学校通过专家引领，为教师发展构建可持续发展平台，一批中年教师正在从教学能手向研究型教师转变，青年教师也快速成长，由教学新手转为教学能手，为进一步成为研究型教师奠定了良好基础。

第一，开设绿萝讲坛。定期请校外专业人士为教师提供精神大餐，华东师范大学管理学系李伟胜教授给教师进行"让班级管理焕发生命活力"的演绎；华中师范大学毛齐明教授进行"课堂提问"培训；聘请大学教授、各领域专家给全体教师进行《从莫言获奖谈起》、《文学欣赏》、《做一名幸福的教师》、《书写人生》等讲座，老师们在文化艺术的洗礼下，提升自身的修养，丰富精神世界。

第二，开展核心课题研究。华中师范大学毛齐明教授带领学校教师成立"爱课堂"课题研究小组，对课堂提问、学生关注度等开展系统研究；华东师范大学杨小微教授多次到校指导课程建设，为学校课程研究引领方向。

二、学生文化建设

学生文化是指学生群体所具有的独特的行为规范、言语表达和价值观念所构成的生活方式。绿萝路小学目前有一千多名在校生，他们天真活泼，个性张扬，来自不同的家庭，有着多样的发展需求。经过广泛调研，教师们发现大多数孩子对绿萝有种自然的亲近感，它具有一种特有的精神，也是我校独有的一种符号，可以成为我校今后学生发展的特色品牌。在群体认同内化的基础上，我们把"绿萝"植入学生文化内核，以培养"自信、乐观、坚强、向上"的绿萝少年统领学生文化。

1. 品质追求

苏霍姆林斯基说："学校的任务，不仅在于传授学生必备的知识，而且也在于个人精神生活的幸福。"所谓学校生活品质，指的是学校提供的教育服务品质以及人们对这一教育服务的主观感受，是一个集环境、经济、文化、精神、各类教育活动、心理感受于一体的综合体，是学校中的人（尤其是学生）对学校生活的主观体验，它是学校精神气质的最直接的体现。“高品质的学校生活，应当是一种高质量、多样化、可选择的教育，不仅能够满足学生的多元化需求，而且还能够让学生在多元化、可选择的学习过程中产生愉悦感、成就感和自由感。”①

（1）富有情感

在绿萝路小学，学生情感与学校文化共生共长，所有学校活动围绕学生需求设计、开办。在这个充满生态气息的校园里，老师称呼学生为“绿宝”，这是学校学生人人喜爱的吉祥物；一年级新生入学后，会经常唱起校歌《绿萝少年》，快乐的歌声展现了新时代少年的心中梦想，校园里笑声朗朗、歌声朗朗，学生在富有情感的校园环境中享受成长的快乐。

校歌《绿萝少年》

词 魏岚　曲 许莎

因为心中不变梦想
要像绿萝一样顽强
哪怕荆棘就在身旁
相信总有春日骄阳
想飞翔要积蓄力量
想茁壮要追逐阳光
每天都是快乐模样
有爱就有幸福天堂

① 范国睿.提升每个学生的学校生活品质[N].中国教育报，2010－11－15.

因为心中不变期望
走近绿萝不会迷茫
哪怕枝蔓也会枯黄
相信总有温暖春光
想怒放要积蓄能量
想成长要追逐理想
每天都要快乐歌唱
有梦就有幸福天堂

(2) 赋予体验

在绿萝路小学,学生每年有各种节日和庆祝活动。双十一淘宝节,学生在买和卖中增长财商;汤圆节动手制作馅料、包元宵,在活动中体验团团圆圆;新春音乐会是每个孩子的舞台,吹拉弹奏、舞蹈相声、魔术戏曲,孩子们信手拈来;此外,学校抓好"5 +7",即五大传统节日和七大校园节日活动,学生在动脑、动手的体验中了解传统文化,获得丰厚的自我成长。

2. 共同体建设

(1) 班级文化

班级是学生成长的共同体,在建立班级共同体后,渗透在班级物质文化和班级制度文化中的隐性文化时刻浸润着学生。学生在一年级入班后,会亲自参与班级名片的设计与制定,一串串童趣的班名如"向日葵动感中队"、"蜜蜂班"、"托马斯班"、"四叶草班"等都出自学生,学校每个班级根据学校主题文化和主体氛围进行文化墙布置,"爱阅读"、"传统节日"、"我的书写"……学生上交作品,自己粘贴上墙,再班级交换参观,提升了学生的班级参与感和认同感。

每个班级除了有个性化的班级名片(班名、班徽等),还有班级博客,充满生活化、趣味化的班级博客之家,是孩子们展示自已、互相交流的生活舞台。

（2）自主管理

学生自主管理是学生文化中不可或缺的一部分，在教师积极引导下，学生发现自我价值、发掘自身潜力、确立自我发展目标，形成适应社会发展和推动个体发展的意识和能力。

一是班级小岗位。班级是学生的另一个家，通过岗位认领，如黑板美容师、护眼小天使、桌椅小管家、环保小卫士来培养同学们的责任感，学生在班级自主管理中获得真实成长。

二是学生志愿者。学生是学校的主人，为了让广大学生参与到学校的管理中来，成为学校管理的主人。学校面向全体学生招募了广播员、卫生督查员、礼仪队等校级志愿者岗位，志愿者们穿梭于学生之间，服务于学校之中，成为校园里处处可见的小主人。

教育因生态而改变，在教育生态理念引领下，绿萝路小学呈现出前所未有的生机与活力，绿萝路小学“自然的生态，自由地生长”的办学理念根植于对现代教育思想的洞察，将绿萝精神与学校文化相结合，引领着学校发展及师生发展的方向，体现了教育的时代精神，以富有生命活力的人才培养目标，在教育理想的追寻中，绽放着独特的生命之光。

参考文献

[1] 汤姆·彼得斯、南希·奥斯汀. 追求卓越的激情[M]，北京：中信出版社，2003.

[2] 欧文斯. 教育组织行为学[M]. 窦卫霖，温建平译，北京：中国人民大学出版社，2007.

[3] 车丽娜. 教师文化嬗变与重建[D]. 山东师范大学，2004.

[4] 范国睿. 提升每个学生的学校生活品质[N]. 中国教育报，2010－11－15.

第二章　和谐的生态管理

在由“工业文明”向“生态文明”的社会转型中，伴随着生态管理思想向学校管理领域的扩展。[①] 学校的生态管理符合教育生态的发展规律，构筑一种和谐、自然、尊重生命和生长规律的生态校园。

随着教育立场的转变、人本化管理方式内涵的深入探究、“以人为本”的新课程理念的广泛认同以及教师素养全面化、现代化的诉求，教育管理对现代化的学校管理模式提出了新的要求，并呈现出从制度约束、人本关怀到文化生成的发展趋势，不断促使学校管理的反思与转型，为师生营造和谐的教育环境，引领和推动学校工作的良性发展与持续闪光。

第一节　顺应管理变革的价值重塑

一、学校管理的经验反思

当前，我国课程与教学改革正在深入地进行，各种新思想层出不穷，与教学领域的变革相比，学校管理的改革明显滞后，学校管理应符合教育发展规律和师生发展需求，为课程与教学改革提供制度保障和便利。再者，作为管理对象的学校教职工和学生，他们的个性发展和民主意识越来越高，对学校管理和决策的参与要求和意识越来越强。“鸡蛋从外面打破一定是人们的食物，如果从内部打破则一定是新的生命”，将之关照学校管理，就会发现原有的学校管理模式的不适。

① 孟小红. 基于生态观的学校组织文化管理策略[J]. 南阳师范学院学报，2011，2(10).

应教育改革的潮流和学校变革的决心，具体分析如下：一是以往的学校管理往往以学校管理任务为出发点，忽视了千变万化的社会外部环境的大趋势，造成了管理跟不上课程及教学发展变革的步伐，导致学校管理相对滞后。二是管理组织机构偏向于事务性和职能性等常规事物的处理，层级边缘过于明确，科层缺少创新意识和团队意识，忽视了管理教育性，应呼吁管理教育性的本真回归，从制度管理走向文化管理，从职能管理走向生态管理。

为了顺应教育改革的新趋势，学校对日常管理进行审视与反思，发现从内部进行变革将会获得学校发展新的生机活力。一是学校管理中对制度和程序的变革；二是学校管理中对人的发现与重视，如民主测评更有效、教职工大会参与率更高、家长参与学校管理更多；三是增强现代管理理念，激发管理效益，调整行政性组织机构，实现管理职能转变，以激活管理能量。四是深化教师成长管理，持续推进教师发展，形成某种特质的育人文化，永葆持续可生长的精神沃土。

二、学校管理的价值重塑

绿萝路小学的兴建主要是为了缓解东山片区孩子上学的压力，全校80%的学生是由片区各学校分流而来，每名学生身上都打着各自学校的文化烙印。2010年学校兴建之初的35名教职工来自10所不同的学校，教育理念、人际交往等都有着各自的角度和出发点，要实现新学校的发展，必须尽快形成新学校的文化认同。管理离不开制度，制度是文化的一种载体。学校文化需要制度创新来激活，只有不断创新的制度流程，才能铸就一个鲜活的文化实体。新建学校的首要任务是建章立制、规范办学。新学校一旦确立了高品质制度文化，必定给学校注入蓬勃的生机与活力，管理制度就将不再成为师生的精神束缚而变成激励的力量，形成强大的学校文化力。

基于新时代下社会对基础教育的需求越来越高，如何用具有前瞻性的眼光让学校步入良性的发展轨道，学校积极寻求大学建立合作伙伴关系，先后与华东师范大学基础教育研究所、三峡大学结成“U－S”合作关系。随着学校发展的进程，伙伴合作逐渐走向由浅入深的互动。围绕绿萝精神，学校切实制定出了五年内成为省内特色文化名校的发展目标，并确立了“六高”的发展要求，即学校管理高效能、教育目标高起点、校园文化高品位、课题研究高规格、师生追求高素质、教师幸福高指数。以制度建设为切入点，在创新学校管理上做了一些尝试，达成了“尊重、公平、合作、创新”的共同价值理念。初步形成了彼此尊重、互相欣赏、人人都是管理者的校园文化。围绕此目标，绿小人踏上了追求希望的幸福征程。

1. 学校治理制度化

学校实行校长负责制、党支部监督保证、教职工代表大会民主管理的运行体制。各部门职能明确，党组织战斗力强，充分发挥了政治堡垒作用。学校实行民主管理，重大决策听取家长、教师、社会，甚至学生多方面的意见，不管是学校办学理念、办学目标的确立，还是《绿萝路小学教师工作手册》、绩效考核办法的建立，教职工的知情权、参与权、表达权、监督权都得到了充分地保障。

一是做好校情通告。做到人人知晓，人人熟知，通过“工作简报”月反馈制，校办每月将各部门的反馈意见、学校重大事件等以简报的形式将好的经验、不足反馈给教师，每学期以一份校报的形式向家长反馈学校的全面工作，改变以往“两耳不闻他人事，一心只认自己田”的工作局面，让每一位教师成为潜在的管理者和真正的参与者。

二是鼓励教师参与学校的管理。为了实现学校管理主动化，让教师学会管理，参与管理，真正成为学校管理中的主人翁。学校还为教师提供了“常规检查协作员”“书法签到管理员”“学生安全巡视员”“校园卫生护理员”“文明礼仪劝导员”“信息技术管理员”等岗位，由教师根据自己的专长和兴趣自行申报合适的管理岗位，成为学校管理的义工。如 2018 年，从学校周边扩建实情出发，成立了党团员“绿萝志愿服务岗”，党团员教师率先垂范，早晚上下学时段在扩建工程路段维护学生安全、指导学生良好卫生习惯。注重教师参与管理,打破常规的管理模式,树立了教职工的责任意识。

三是教职工例会开出新意。大会小会是令老师们最头痛的问题,为了提高会议质量,增强会议实效,绿萝路小学对教职工例会进行了改革。在精减会议次数的同时,对例会的程序和要求进行了精心的设计和规范。首先将每周一次的例会调整为两周一次,一般性的工作多采用QQ群、年级组会议的形式来发布和解决,这大大解放了教师的时间,让教师有更多的时间来潜心钻研教学。同时对例会的程序和要求进行了精心的设计和规范。例会由四个板块构成,一是“艺术鉴赏”,通过听名曲、赏名画、析名著,愉悦视听、放松身心、陶冶性情,提高全校教职员工的审美品位和鉴赏能力。二是“寻找感动”,以年段为单位,在年段中寻找工作、学习、生活中令人感动的人和事,让教师之间学会关注,学会欣赏,用身边的榜样、典型激励自己,提高自身的专业素养和师德水平。三是“沉醉书香”。为了让读书成为绿萝路小学教师的一种休闲方式,学校向老师推荐了《第56号教室的奇迹》、《教学大道》、《让孩子踏上阅读快车道》,《希望教室》、《面向个体的教育》等书籍,为管理人员购买了《静悄悄的革命》、《正面管教》,赠送班主任人手一本《跟苏霍姆林斯基学当班主任》,间隔一周的“读书时间”,由教师进行头脑风暴,交流读书感悟及收获,引领教师读书。同时免费为每个办公室、每位老师免费派送《中国教育报》、《班主任之友》、《教师报》、《德育报》等报刊杂志,保证了教师人手至少一本书、多本杂志。四是“校务导航”,由学校各部门总结既往工作得失,安排近期重点工作,通报学校重大决策,表扬校内好人好事,针砭学校不良现象,教职工大会会议质量高、效果好,受到老师的热烈欢迎。

寻找身边的感动

“女孩握着一支铅笔,她的手和女孩的手紧紧握在一起,她们一起在纸上写着,嘴里一起喃喃着:横、竖、横折钩……”这是低年段韩芳老师在全体教师大会上的发言,她动情讲述着同事孙妮娜老师的故事，她像妈妈一样，耐心辅导困难学生的场景深深地感染着现场的每一个人。

这是每周一期的“寻找身边的感动”交流大会。在交流大会上，教师们反省了自我，校正了视角，收获了力量。绿萝路小学引导教师从“寻找身边的感动”开始，让教师关注同事、关注学生、欣赏身边的每一个人，开放自我、走出自我的狭小圈子；以身边的榜样为力量，以身边的感动为激励，提升个人的专业素养，找到职业的归属感和幸福感。

四是探索建立了家长委员会制度，形成由班级至校级的家委会，搭建了一个学校和家庭共舞的平台，形成了教育合力。学校从 2012 年成立第一届校级家委会后，每两年一届轮换，制定了行之有效的家委会工作职责，并且成立了“家委会工作室”，并成为一个品牌大力经营。“家委会工作室”把家长作为学校发展的协作者吸纳进来，学校专门为之配备了“家委会办公室”及相应设备，以保证家委会理事会能够常态驻校办公、处理事务，家长每月都有专门的入校办公时间。家长自愿参与学校的管理，如校本课程的开展、阳光减负、课辅资料的征订等，家长、社区力量积极参与，献计献策千余条。2016 年，学校创造性地开展“绿萝家长义工”进校园活动，为期一天的体验时间，邀请家长走进课堂，走进班级，聚焦课堂教学和作业批改，家长不仅关注学生的学习情况，还参与班级与学校管理，为学校的发展出谋划策。从此，学校管理多了一双眼睛，教育多了一双臂膀，学生活动也多了一股源泉，形成家校共育的良好局面，为学校特色发展起到了良好的推动作用。家委会的家长学校也开展得风生水起，邀请宜昌市教学协会委员对家长进行“育儿十二习惯”培养，邀请民警分别就道路安全和行为安全做讲座，邀请武警指挥学习如何整齐的列阵，如何规范地踏步、跑步，在与家委会的联络与策划下，各班的研学活动精彩纷呈，沮漳河生态游、中华鲟基地长见识，磨基山上望长江、植物园里识植物等等。在家委会的策划下，活动内容精彩纷呈，学生、家长受益良多。

2. 管理流程精简化

绿萝路小学教师人人有一本工作手册，这本手册是教师工作细化的目标，是学校管理序化的流程，它引领教师工作的方向，让教师的工作成为一种自觉行动，同时管理更精细，管理有质量，管理出效益。学校围绕"备教批辅考研评"的教学常规各要素来进行研究。广泛的征求了教师们的意见，引导教师共同研究。教师们也认为把教学常规管理细化、把内容量化很有必要，对于一些无实效的举措要及时修订，让教师避开重复、无效的劳动，做些有用功。如：在集体备课上多出点子，把课堂需要解决的问题备出来，把需要学生掌握的知识整理出来，把能提高学生学习能力的活动想出来；在教学资源共享上多下功夫，学校科室把成熟的教案、课件要归类整理，提供教师二次备课。《教学常规白皮书》几易其稿，成为教师教学有价值的参考。

3. 文化生活集体化

学校成员的幸福程度，实际上是学校文化的特殊反应，对学校氛围会产生重要影响。[①] 为提升教师幸福指数，打造幸福校园，绿萝路小学在了解教师最迫切的需要前提下，从教师的真实需求出发，让教师唤醒自己的主体意识，结合实际组建了教师读书社团、瑜伽社团、合唱社团等，建设教师精神家园。所有的教师社团从丰富教师的文化生活入手，每个社团由一名专业教师牵头负责并扎实开展活动。如读书社团由校长亲自向教师推荐读物，并在每个星期一教师例会时开辟读书分享时间；瑜伽社团和合唱社团每周外聘教练进行培训。一系列丰富多彩的教师社团活动，既是学校以教师为本、以发展为本的校园文化建设的新举措，又是学校为教师送去的精神大餐，让其感受集体的关爱与温暖，享受学校工作的快乐与幸福。

---

① 托德·威特克尔. 如何定义、评估和改变学校文化. 中国青年出版社，2016，(20).

人手一根棒 "打打"更健康

"打'百会'呀打'百会','率谷'穴在头侧位……"在整齐的口号声中,在医师的带领下,用棒子击打穴位。周一的绿萝路小学健康社团,专门邀请国家高级营养师、国家高级按摩师、湖北省营养学会会员张宇医师为老师们传授经络强身棒击操。在击打穴位中有利于改善颈椎、腰椎等教师职业病。锻炼结束后,有的老师说,"打打"真舒服,看来我们就是"欠打",引得大家哈哈大笑。现在人手一根棒,你"拍"我"打",成为学校一道别样的风景线。

除此之外,周末的野外拓展训练让老师们对工作态度,自信心、团队协作,创新等多方面都有了新的认识,也增强了团结协作能力和凝聚力;"三八节"男同事们送上的玫瑰花给平淡的教师生活增添了别样的色彩;每一年的新年联欢会让一年工作中的点点滴滴在那一刻永恒定格,引发了老师们对时光的追溯,对未来的憧憬。正是这一份份生活的惊喜,让老师们告别了职业倦怠,更加热爱工作与生活,并将这一股精气神儿播撒到了每一位学生的身上。

4. 管理路径信息化

"大数据"时代的到来使得数据成为学校管理的一种重要资源,也推动着学校管理的变革与发展,为学校管理提供了切实的依据。"互联网+"时代要求学校管理者用数字说话,增强数据意识,提高管理效能,助推学校各项改革与发展。管理信息化的变革是学校现代化进程中的必经之路。

此前学校家长满意度测评,需要经过一个冗长的过程:设计表格—印制表单—发放到学生手中—交给家长评价—回收上交到学校。但利用"微校"网络平台对教师进行师德师能的年度测评,家长进行网上测评,数据实时上传并直接进行云储存,从数据的采集到处理分析都轻松完成,并且数据只对管理者开放,保证信息的真实性,收集到的信息进行通过大数据进行整理、汇总、分析,便可以洞悉和掌握家长对教师满意度,不仅避免了反馈不足与信息缺漏,还便于自查反醒,督促整改,提高了工作效率,从而实现精细化管理。

第二节 激发组织活力的结构重组

学校组织机构服务于学校的发展战略,当学校的整体发展思路发生变化时,组织机构的运作将进行相应的调整与规范。

一、组织结构的变革过程

正如佐藤学所说,学校变革是一场“静悄悄的革命”,这场革命要求根本性的结构性的变化。在建立详细的规章制度之初,学校机构要有力执行制度,以确保制度能保证学校教育教学正常进行。但当学校制度通过各种方式内化于心时,组织机构的功能便要适时调整为更加关注人的需求。

组织结构是学校管理中最为直观和明显的要素,学校组织变革往往始于结构的变革。为了使学校组织朝着自然、开放、侧重于专业性的组织发展,减少层级管理,淡化科层色彩,明确层级边界,学校首先通过组织层级的扁平化途径实现实现组织机构的变革。学校组织内部的互通性和沟通效率大幅度提升,管理层级进一步扁平化,使得学校管理机制和模式发生了根本性变革。

学校管理从经验管理走向制度管理,到如今的生态管理,学校组织机构经历了三个阶段的改制,科处层级在整合中实现了管理模式的专业化发展。

第一个阶段:制度管理(2010 年—2012 年)

学校于 2010 年开办,采用“三处一室”的组织机构,即教导处、政教处、总务处和办公室。

各处室分工明确、各司其职。教导处管理常规教学,政教处负责学生德育工作及中队建设,总务处负责后勤工作,办公室处理学校日常公务等。此阶段的学校职能部门更多地是制定制度、依据制度对师生行为开展评价，完成常规性、线性的事务安排，从管理者和教师角度出发，而不是从学生视角出发，机构设置具有一定的局限性。

第二个阶段：职能管理（2012 年—2014 年）

2012 年，随着管理理念的不断变革，为了把课程改革真正落到实处，切实引领提升学校教研水平，学校机构发生了一定程度的调整。紧紧围绕学生立场，进行以学生为中心的学习组织机构模式探索和变革，绿萝路小学率先在全区建立起以学生发展为中心的处室管理机构，即副校长室下设学生工作处、课程管理处、教学研究处。首次将“课程”和“教科研”摆在与学校事务、学生德育同等重要的位置，学生处一如既往地负责德育工作；课程处负责课程有关事务安排，如校本课程、社团的安排、课程的设置等；教科室管理教师日常教学和研修培训；总务处更名为后勤处，负责一切保障教育教育有序开展的总体事务；办公室管理日常办公事务。一切机构名称变化的背后直接反映了管理理念的更新和深化，但缺点是职能部门边界过于明确，导致各科室忙于本职工作，影响沟通协作意识的提升。

第三个阶段：生态管理（2014 年—至今）

生态管理即符合教育生态、顺应教育规律的管理。教育生态在绿小的具体表现为：每一位学生都是一粒种子，管理关注对每一个学生的尊重与发展；每一个教师都具有生长的力量，关注教师的成长管理。

学校管理机构改制为“三大中心”组织机构，即课程研发中心、教师发展中心和后勤保障中心。课程研发中心分设课程处和学生处，课程与学生是紧密联系的，课程为学生服务，学生需要优质的课程来提升核心素养。两处都以学生的发展为中心，以学生的课程需求为重点，共同致力于课程的研究、开发、创新和实施，一个中心下的学生处和课程处结合学校学生的学情，联合研发传统节日课程、主题课程的校本课程，家长学生共同参与的研学课程，为学生的综合发展保驾护航。教师发展中心由教科室主要构成，以校本培训为引擎、以专家引领为两翼，提升教师成长管理。依托课改，构建校本教研管理网络。根据服务于全校教育教学、保障广大师生的现实需要，设立后勤保障中心，配备后勤副校长，下面分设校办室和后勤处，总体管理学生各项工作，直接对校长负责。如此以来，学校行政组织机构整体虽整体架构仍由校长、处室和年段等单位构成，且保证了各部门协调统筹，更好地保障了学校组织生态实践路径的达成。此阶段的组织机构真正做到有效地为学生服务，促进学生的发展，五年的实践证明，这种紧凑、干练的组织机构，凸显了学校的教育和教研功能，张扬了学生的个性，在全区普遍得到推广。

绿萝路小学组织架构图

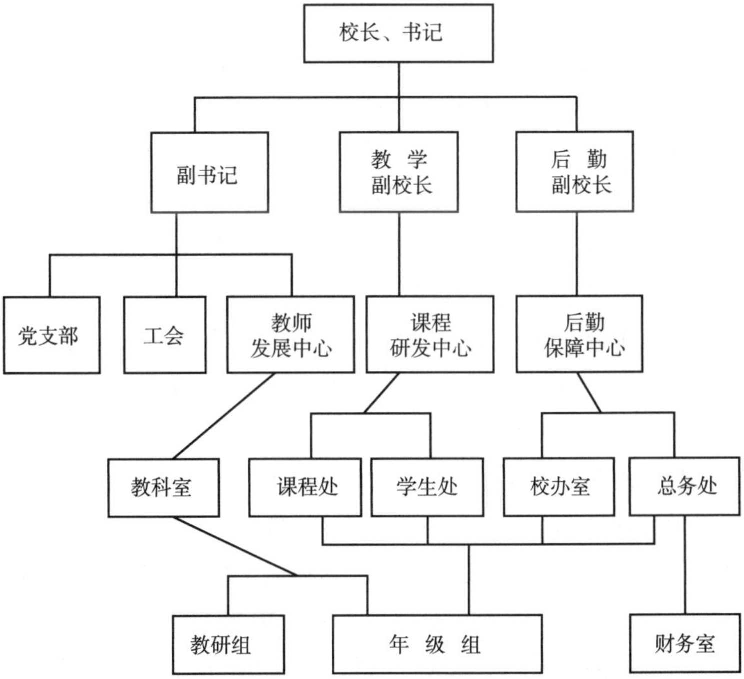

图2－1　2014年之后学校组织机构图

通过结构扁平化、结构网络化和边界虚拟化，转变对话管理方式，从独白走向对话,从断裂走向整合,从制御走向促进。[1] 实现学校管理者与教师、教师与学生、管理者与学生之间全方位沟通,使资源为全体师生共享,提高管理效率。

二、组织结构的基本功能

1. 制度文化的价值凝练

随着学校与华东师范大学合作深入和理论的逐步建构,教师们逐步认识到这不是单方面依靠专家理论的应用模式,而是从学校内部生长的起来一种“发展模式”,其哲学理念是“尊重学校的生命特征、正视学校的制度约束、激发局内人的变革动力、实现变革的主体完整”,这是一种合作共赢、共创共生的模式,是大学与中小学之间的文化互动。正如一位学者说到“这不是服务关系,也不是雇佣关系,而是相互成长的合作关系”。

在华东师范大学基础教育研究所的指导下,学校对现状做了 SWOT 分析,采用问卷、座谈等形式,深入调研自身的优势、弱势、机遇、危机因素,从自身外部和内部环境分析,从而确定学校未来发展战略,形成学校五年发展规划。通过构建“清雅的生机校园、和谐的生态管理、灵动的生命课程、多彩的生聚课程,本真的生活德育、增值的生长评价”为办学路径,培养“自信、乐观、坚强、向上”的绿萝少年,让“宁静致远、睿智博雅”成为教师形象。

2. 教师素养的显性聚焦

目前,我校教职员工 67 人,大专、本科以上学历共占 100%,研究生学历 6 人,中学高级教师、小学高级教师共占 75%。区级以上骨干教师 19 名,教师平均年龄 37 岁。校长(副校长)均参加了校长岗位资格培训班、提高班的培训,持证上岗。学校按照要求配置了中层干部,各部门分工合作,干部素质高,创新能力强。学校关注后备干部的培养,制定了后备干部的培养计划,并予以实施。

① 金雅清.学校对话管理模式及其实现[J].学校党建与思想教育,2013,(2):38-40.

学校按相关规定配齐配足教师,其中专任教师占学校教职工总数的98%。全体教师均取得相应学段的教师职业资格证书,教师学历、普通话达标率100%。

3. 平等对话的管理模式

学校在管理方面始终将人的生命发展作为出发点,制度、规范流程的制定与实施等方面遵循人的发展需要,充分尊重人、信任人,力求最大限度的发挥人的潜能。绿萝路小学在此理念的引导下形成了以人为中心的同心圆式管理模式,即教师为学生服务,管理者为教师服务,把教师的成才,学生的成长,学校的成功有机结合,促使三方和谐共进。

首先在管理人员中开展"走动式管理",建立和谐的非正式的沟通氛围。"不是指通过计算机打印或者没完没了的会议所进行的接触和联系,而是真诚的和发自内心的交流和沟通"。[①] 行政人员深入到办公室、教室,倾听师生的声音,及时向上反馈;定期开展读书交流、行政反思、问题诊断等活动,提高管理执行力和管理效能。其次在教师队伍中引导"尊重、公平、合作、创新"的价值观,以校本培训为途径,让教师广泛阅读,丰富内心,细腻情感。第三,教学风格百家争鸣,百花齐放。尊重老师的教学个性风格,鼓励校园学术争鸣,构建合而不同的教研文化,形成真实的教学研究生态。在工作氛围方面,为教师营造一个轻松愉悦的环境,建立茶歇室,革新教师会议形式,由传统的集中会议改为沙龙研讨,教师讲坛等方式,让老师们参与其中、学在其中、乐在其中。

4. 思维方式的唤醒提升

学校管理的改进,最重要的是学校文化的改进,学校成员的所思、所想、所为要有一种新的变化,这种变化的根本就是思维方式的变化。教师们逐步打破一元思维方式,学会多元的思维方式,变线性思维为统整思维。

小学教师多关注的是"如何做",通过专业研修引导我们的老师思考、

① 周坤亮. 指向教师专业发展的学校组织变革[J]. 教育理论与实践,2013(19).

探究“是什么”、“为什么”以及“意义和价值何在”等问题。在不断的对话与碰撞中，大学老师唤醒我们小学老师的理性思考，唤醒他们深埋在心中的发展欲望，唤醒他们自信的气度，开始将实践中的行动策略自觉地与教育理论相结合。

第三节　教师管理方式的流程再造

《国家中长期教育改革和发展规划纲要(2010－2020年)》指出：面对前所未有的机遇和挑战，必须清醒认识到，我国教育还不完全适应国家经济社会发展和人民群众接受良好教育的要求。教育观念相对落后，内容方法比较陈旧，素质教育推进困难……《纲要》把提高质量作为教育改革发展的核心任务，而教师的素质直接影响到教育的质量与学生的发展。绿萝路小学从教师成长管理入手，研究提升教研效率流程再造，将有力地推进教师专业发展，促进学生学习能力和综合素质提高，实现学校以培养“完整的人”为核心的内涵式发展道路，追求学校管理科学化。

一、教师管理方式的问题与挑战

课程改革以来，学校教师在教育思想和方法上有些变化，但是与新课改要求还存在差距。学校与华中师范大学教育学院联动合作，立足学校实际，向学校广大家长、学生及老师发起问卷调查，研究学校教育教学的现状及教学改革趋向，分析家长、学生、教师三方面的教育认识，从而探索学校管理的新方式，提高学校的教学质量和整体水平。

1. 关于教学改革

家长希望教师改进教学方式。在家长问卷中，对于“最希望学校改进的地方”一题，选择改进教学方式(如注意培养孩子自己学习的能力、给予孩子更多动手和动脑的机会等)的家长最多，占46%；其次是培养孩子更多的兴趣爱好(占36%)；排在第三的是改进工作态度(如更加关心和爱护孩子、批改作业更加认真、主动联系家长等）（占 10%）；排在最后的是着重提高孩子的考试成绩（占 7%）。

大部分教师愿意改变现行教学。对于现行的课堂教学模式，28% 的老师非常愿意作较大的改变，62% 的老师比较愿意作改变，7% 的老师觉得无所谓，3% 的老师不太愿意。

2. 教师基本情况

（1）教师年轻、有经验，积极进取

从教师的教龄来看，59% 的教师的教龄在 7—18 年之间，31% 的教师教龄在 19—30 年之间，7 年以下教龄的老师不到 7%。表明 59% 的教师处于实验、多样化期或反思、质询期；31% 的教师处于平静期和我保守期。整体而言，教学经验普遍比较丰富，实验—反思期教师占多数，教师们呈现出年轻进取的良好状态。

（2）教师之间的人际关系好

86% 的教师对于同事关系比较满意（其中，38% 的老师表示本校老师之间相处非常融洽，48% 的老师认为比较融洽。）

3. 教师的学习与研究状况

（1）教师的课后反思情况较好

上课后，66% 的老师经常反思自己的教学，14% 的教师每节课都反思，17% 的老师会对一半左右的课进行反思。

当所教的学科考试成绩不佳时，34% 的老师首先想到的是学生没有学好，45% 的老师首先想到的是自己没有教好，7% 的老师首先想到的是出题有问题，10% 的老师首先想到的是运气不好。

对于教育教学楼所遇到的问题，老师采取的解决办法最多的是与同事讨论（占 69%），也有的会查阅资料（占 7%）。

（2）教师的阅读量不均衡

10% 的老师表示自己读过的教育学或心理学的理论书籍在 10 本以上，17% 的老师表示约 8 本，34% 的老师表示约 6 本，31% 的老师表示约 4 本，

3%的老师表示在2本以下。

除了教材、教参等书以外,14%的老师表示自己每天读书超过1小时,18%的老师表示在40分钟左右,41%的老师表示在半个小时左右,14%的老师表示在20分钟左右,7%的老师基本没有读书。

4. 教师的研究氛围

教师对于课题研究涉及较少,在课余谈论中基本不涉及该话题。如,课余时间中,老师们谈论的话题最多的是学生的问题(占48%),其次是教学中的问题(占38%),再次是生活的问题(占10%),谈论课题研究的(占3%)。

一些基本的教学环节值得进一步研究。41%的老师有时研究如何布置作业,45%的老师很少研究如何布置作业,7%的老师没有想过要研究,3%的老师没有时间研究。

5. 教师发展所面临的挑战

教学负担重。老师们认为,日常教研难以深入的主要原因依次是:教学负担重(占59%),没有时间(占28%),缺乏奖励措施(占7%)。对于教师的访谈表明,学校各种活动比较多,教师太忙碌,时间不够用。

缺乏专家和名师引领。为了改进教学,老师们最需要学校提供的条件是:专家引领(占55%),出外听课、观摩(占31%),外在激励(占10%)。教师们在访谈中表示,希望在语文、数学等讨论之后,有权威来提升。

学校在教师发展要求方面,梯度不明显。

6. 教师对于变革的期望

教学变革的切入点:对于教学变革,老师们认为最重要的切入点是:管理变革(占31%),新型的教学模式(占28%),老师的教研活动(占17%),学校的文化建设(占10%),班队建设(占7%)。

教师希望采用的发展方式:不一定要所有老师都一起去听某个名师的课。可以使学习日常化,让一个名师一次带教一二个老师,一批一批地滚雪球式发展。因为集中听课会打断老师自己的日常教学,听完课后,不得不去处理好多事情。

基于以上调查数据评价与反馈，对教师管理进行回眸与审视，学校教学存在以下突出问题：一是由于教师教学有效性不高，学生没有得到最大限度的发展。课堂教学中依然存在学生参与度不高、课堂上虚假的繁华取代了学生真实的思维、教师关注知识的"教"甚于关注学生的"学"，学生所学知识脆弱，严重导致教学目标达成失败，课堂低效的情况。如何让我们的教师拥有有效教学的理念，实现课堂教学范式的成功转型？二是学校管理在教师素质的提高上，虽然采取了集体培训、课例研究、反思交流等举措，但是对教师积极成长为骨干教师的推动还不够聚力，教师研究的自觉热情还没充分唤醒，导致教师教学水平提高和现阶段的要求不相适应。培训活动效果是否能达到最佳？如何充分利用好培训来真正改变教师课堂教学行为呢？三是教学管理承袭传统的经验式，教研组织形式和方式机械、不变通，没有充分调动教师的研究热情，如何变革教学过程管理，以学助教，推动教师的课程领导力？

我们认为研究与变革教师成长管理的流程再造是在"新课改"背景下解决我校教育教学实际问题的，推动学校教学改革实践持续深化的理性路径。

二、教师管理模式的转型与发展

基于"以教师的发展带动学生和学校的发展"的管理理念，绿萝路小学以打造教师团队为抓手，通过价值引领、尊重赋权、量身定制等方式实现教师的主动发展。鼓励教师从问题出发，教师成为问题的发现者，研究者，解决者，让教师人人走上乐教、懂教、善教的教育大道。

1. 价值引领

学校管理的首要任务是价值引领与价值分享，在学校发展的诸多因素中，人是决定性要素，文化、课程、教学、评价、资源等都是为人服务的。学校教育理念的落实、培养目标的达成、课程的实施、教学活动的组织都是通过教师创造性的劳动得以实现。黑格尔说“熟知并非真知”，学校管理和教育工作在长期的经验与习惯中，容易形成定式思维，如何实现突破，自上而下的价值引领是变革的关键。

绿萝讲坛“听起来”。学校每月一期的“绿萝讲坛”，已先后邀请二十多位专家学者对老师们就教育、经济、政治、社会、艺术、文化等方面内容进行专题讲座，激发教师工作精进，充盈教师精神素养。

专家讲座“实起来”。我校依托华东师范大学教育研究所、三峡大学等优秀教育资源，聘请了华东师大基础教育研究所所长杨小微教授、复旦大学徐冬青教授、三峡大学文学院博士等来校与教师们面对面交流，老师们道出了心中的困惑，专家们也给出了生成性地指导，全体老师受益匪浅。

青年队伍“活起来”。为了加强青年教师队伍建设，在原有建立青年教师培养档案，签订“师傅结对”责任书的基础上，通过搭台子，结对子，建立“绿萝星秀”培养机制，搭建青年教师成长平台。青年教师与名师对话，与专家对话，与同行对话，通过亮点展示、案例分析、撰写教育叙事和反思、开展青年教师素养大赛等，拓展教研路径，为青年教师创造脱颖而出的机会。以科研促教学，每个青年教师定期进行说课、议课，参加学科组磨课，在集体教研逐渐成为骨干，变被动研究为主动研究。

课题研究“动起来”。我校教师平均年龄37岁，教师渴望提高自己的综合素养。为此，学校坚持以科研为动力，打造生态教师队伍。学校先后承担国家级课题《生命教育活动设计研究》，省级课题《学校文化建设的内容与途径研究与实验》、《小学英语任务型课堂设计》，区级课题《语文阅读教学综合实验改革》、《数学“大问题”研究》和《优化课堂教学，提高课堂教学质量新举措的研究》等课题，在行政带领下，教师认领课题研究，以科研为动力，促进教师专业发展。

2. 尊重赋权

学校管理的核心是尊重教师，下放管理权，让教师真正成为学校的主人。

人人成为管理者。教师角色与管理角色因为分工不同,视角不同,在日常工作中,管理者在布置工作时或多或少不能让老师理解,从而产生执行力低效的现象。管理例会,是学校研究工作的一种常态工作。绿萝路小学把行政管理例会扩大化,让教师不仅轮流参加,还变身学校管理者,对学校每周、每月各类情况进行反馈并提出建设性建议。教师一方面可以带上年级组重点困难和问题,提出讨论,另一方面可以把行政会议中安排的工作直接带到组内执行。通过教师参加行政会议,老师知晓了管理工作,更加理解管理者,积极成为管理者,同时学会了用管理者眼光去看待问题。在教学常规管理中,对教师备教批辅考研评,惯常的是通过检查资料去考核教师绩效。教师被动接受检查,管理处于监控地位。绿萝路小学首先打破常规检查方式,过去教师备课只是给管理者单向互动,如今通过备课展评互学,让老师的备课公开亮相,有效发挥管理的促进、激励功能。除了任务由课程处布置,组织和过程都由教师自主决定。教师们纷纷自由组合成不同年段学科群。各群人数不等,最少的有 3 位,最多的有 6 位。老师迅速聚集在一起,开启了团队作战模式。教师们根据日常教学中学生学习的需求罗列清单,打破教材的局限,确定研究主题。在集体研究基础上,确定设计方案。在自由组合的课程群里,教师们根据每个人的特长进行分工,明确了主题和目标后,教师们分头收集素材,然后制作,录音,通过团队的合力采用游戏,生活等儿童喜闻乐见的方式设计出微课 80 多节。成功参加了全国教育创新公益博览会。制作过程中遇到许多难题,都被老师们一一化解。2016 年 9 月,学校教师制作“绿宝 i 学”微课,从学科层面对知识点进行整合再创造,此成果荣获中国第二届教育创新博览会优秀成果奖。

人人成为课程 CEO。教师由课程的执行者变为课程的领导者,从课程的开发到到课程的研究实施,把课程研究的选择权还给教师,形成自主自发的学习研究状态,促进自我学习、自我反思,教师成为课程 CEO,人人具有课程领导力。学校开发小课题系列研究,教师个人自由申报,教科室立项并督管，以教学反思的连续跟进为主要体现形式，重在“小”而“实”。如语文朗读能力的培养，是真正的“书读百遍，其义自见”，还是师生共同制定朗读的方法？年轻的孙妮娜老师通过三年的班级“语文百花园”跟踪训练，有了自己的想法：“现代的快餐社会根本不允许，也没有时间让我们对一篇课文或者是一本书来读百遍，让其义在头脑中自现。在班上，我通过和学生之间的问答、谈话，了解了大多数同学的读书方法，最多读四遍。一读是大声，为的是读准字音；二读是中声，目的是边读边思考大意；三读是不出声，目的是品味文章结构和好的词句；四读是小声，为的主要是背诵。”相同或相近的课题则编排在一组。利用双周教研活动的时间，教师以沙龙的形式聚在一起进行智慧的碰撞。每学期，课题组的每个成员则利用“教育创新分享”的平台与全体教师互动交流，将小范围的研究成果向全体教师辐射。学校教育创新分享会上一位老师说：“多媒体技术开始让大家有些犯难。后来教师们说既然教育创新，就不应宥于传统教学的囹圄，应该用更富有学习情趣的、学生鲜见的方式。”他们先后尝试了 focusky、prezi 等软件制作课程，通过自学和尝试，丰富了课件的画面感，信息技术能力也有了显著的提升。

人人成为分享者。教师由原来每两周一次的集中读书时间转变为读书后的分享交流，将读书时间多放在个人自由时间，更多地注重读书分享。在原有教师读书交流的基础上进一步集中时间、统一平台，每周一定为教师集中“读书日”，在组长组织下发起话题，组内教师就就所阅内容进行碰撞，交流各自的读书心得体会，反思自己的认识和做法，填写教师读书活动记录表。利用空余时间撰写读书随笔、读书笔记。定期教研室进行教师优秀读书笔记的评比，保证了全体教师个个真正阅读。

3. 量身定制

分层规划“实起来”。根据校内教学调研将全体教师分为“适应期、成熟期、发展期”三种类型，并设计相应的培养策略。构建教师成长评价体系，促使教师从有教学能力到形成自我教学风格。学校为每个教师“量身定做”专业发展规划,分层规划培养,搭建多种成长载体帮助教师寻找到自己专业成长的最近发展区,进而提高全体教师的专业水平。对于新教师的专业发展,在“师徒结对”的传统模式下,除了对新教师在教学环节各方面全程监控,逐一把关,学校还拓宽了交流互动平台,使新教师反思从单向引领走向多维互动。每月徒弟教师先将反思交给师傅批阅,再将批阅情况上传给教科室,教科室对徒弟教师的反思及师傅批注、点评进行第三次阅览,再将批阅情况返回给师傅和徒弟教师。反思对象逐步拉开,人员得到拓展,虽然只是点滴改变,却使得教师的教研热情也随之得到了极大的提高。每学期召开教育创新分享会,每个教师都上台讲述自己的微创新,或是一节课的新意,一个班级管理新招,或者是一个管理新策略。一系列措施使得他们顺利地在教坛上闪亮登场。

评优选先“亮起来”。学校把“工匠精神”融入校园,与学校的文化育人和专业育人相融合,为老师量身打造“好教师”、“好党员”、“好干部”的能力之星的评选,通过微信公众号宣传推广教师的先进典型事例;年末举办教职工联欢会,教师自由组合,自编节目,并根据教师一年来的工作业绩和优秀表现,撰写“绿萝园丁奖”颁奖词并隆重颁奖,在充分肯定教师的教学成果与团队精神和个人发展的同时,也用行动展现了学校对教师点滴付出的关怀和认可。

“绿萝园丁”颁奖词

当班级纪律出现问题时,她从不用固有的管理方式去压制,而是给予学生充分的自由,用班会的形式,让学生自己制定班规,达成学生自主管理的目标。她所带的班级教室,永远被绿色环绕,窗明几净。有人说,班主任带的班一定具有班主任本身的特色,那我想这句话一定是对的,她像一朵馨香脉脉的莲,以其高洁品质熏陶出一批批优秀的学生和一个个优秀的集体。

(获奖者:韩 芳)

她韵致淑雅，浑身散发着迷人的光辉。她以四两拨千斤的淡定从容将自己所带的班级、所领导的年级治理的井井有条，欣欣向荣。作为语文老师，她致力于营造书香课堂，教诲学生懂得“腹有诗书气自华”。作为年级的领跑者，她常谦虚说自己运气很好，有一群好同事，团结协作，众志成城，才能把学校布置的任务出色完成。

（获奖者：卢寅莹）

外出学习“多起来”。他山之石，可以攻玉。我校把握各种机会，派教师走出校门，学校把握各种机会，先后派出100多名教师派教师赴上海、北京、西安、杭州……向先进的兄弟学校取经，学习先进的管理经验，丰富了教师的科研理论，升华了对新课改的认识。同时，注重学习过程，返校后将外出学习情况通过汇报课、学习心得交流等方式迅速传达给老师们，将学习的效应发挥最大化。

生态的管理，让一个个鲜活的生命彼此对话、唤醒、交融、体验，用情感触摸情感，用智慧开启智慧，用灵魂塑造灵魂，用生命激扬生命。学生尽情享受着成长的快乐，教师尽情沐浴着树人的芬芳，家长尽情体悟着育儿的温暖，彼此靠近、彼此影响，共同舒展着生命绽放的美丽。

第三章　灵动的生命课堂

第一节　传统课堂的调查

课堂是教师“传道授业解惑”的主要阵地，但由于缺乏深入的了解和研究，教师对课堂的理解难免存在一定的偏差，因此一些教师在课堂上仍存在照本宣科、唱独角戏、课堂模式僵化等情况。

在基础教育课程改革的过程中，课堂已经不仅是教学活动的场所，它还是课程与教学活动的综合体。课堂中呈现出来的教学方式、学习方式、师生关系等教学现象，是教师的教学理念以及新课程改革在教学实践中建设现状的集中体现。加强对课堂的分析、研究有助于教师们进一步改进教学方式、改善师生关系、更新教育理念，真正“打磨”出回归教育本质的好课堂。

一、传统课堂的调查

为了更全面、更真实地了解学校现行课堂的教学情况和学生的学习状况，学校制作了调查问卷，对全校教师、学生以及家长进行了全覆盖调查。本次共发出教师问卷 67 份，收到有效问卷 67 份；发出家长问卷 1219 份，收到有效问卷 1197 份；发出学生问卷 1219 份，收到有效问卷 1201 份。经过对有效问卷的详细分析，获得以下重要数据和信息。

（一）课堂教学面临巨大挑战

1. 现行教材实施难度较大。调查表明，超过一半的教师认为目前学校所采用的北京师范大学版教材偏难。教材内容和学生的认知特点、认知规律存在一定偏差。相比之下,人民教育出版社版教材的广度和深度更适中。

2. 现有班级的班容量过大,新型教学方式难以开展。虽然学校自建校来一直在积极探讨在现有条件下如何提高教学质量,但效果不明显。在调查中,76% 的教师反映由于班容量的限制,教学方式的改革无法持续、全面展开。

3. 限制作业量的规定影响所学知识的巩固。宜昌市教育局规定:一二级不能布置书面的家庭作业,三年级及以上的语文、数学作业加起来不能超过 30 分钟。但是,考试的要求并没有降低,学生的成绩直接影响着家长对学校的满意度。如何应对这种情况,学校教师并没有寻找到良好的解决措施。目前,学校虽然也要求向四十分钟要质量,但 69% 的老师认为实现这点并不容易。

4. 校本课程的落实受到干扰。在绿萝路小学,校本课程丰富多彩,深受学生喜爱。但 81% 的教师反映相关管理部门规定的活动,如书法教育、阅读教育、禁毒教育等,使得校本课程容量太大,课程实施以及具体教学活动难度增大,难以保证课程的连贯性。

(二) 教师教学行为有待改善

在调查问卷中,超过 90% 的家长对绿萝路小学的教学质量、教师的专业素养和敬业态度感到比较满意;超过 95% 的学生表示在校园生活中感觉受到了教师的尊重及关心。这说明在“自然的生态,自由地生长”办学理念的浸染下,绿萝路小学的教师们正专心行走于课堂间,用爱陪伴每个孩子成长。

但在教师自评中,老师们认为自身仍有很多需要改进的地方,其中 31% 的教师觉得自己要加强对学生的学习方法的指导,更加注重科学性、有效性;24% 的教师表示自己对培养学生学习习惯重视度不够;接近一半的教师则表达了要改进自身的教学方法和课堂教学组织愿望和诉求。

表 3.1　对绿萝路小学教师的教学状况问卷调查结果

调查问题	选项及所占百分比			
教师系统讲授时间	35 分钟 – 45 分钟	25 分钟 – 35 分钟	15 分钟 – 25 分钟	15 分钟以下
	7.00%	59.00%	31.50%	2.50%
学生自主学习时间	5 分钟	10 分钟	15 分钟	20 分钟及以上
	3%	45%	34%	18%

从上述表格中，不难发现仅有 3.5% 的教师系统讲授时间在 15 分钟及以下。高达 59.00% 的教师系统讲授时间占据了课堂的 35 分钟左右，甚至存在 7.00% 的教师是全程讲授。可见，教师在教法上仍是单一地讲授，“教师本位”现象严重，教学变成了教师培养学生的单向活动。

在课堂上，教师系统讲授的时间过多直接导致学生自主学习的时间过少。调查显示，仅有 18% 的教师给予学生讨论和自学的时间约 20 分钟及以上，接近一半的教师只给予学生约 5 – 10 分钟的自学时间。数据十分直观地体现出在传统课堂上教师倾向于多讲解、主导课堂，每一步都引着学生去走，“留白”的空间和时间都很少；学生无法按照自己的思维需求去独立、创造性地思考。

表 3.2　对绿萝路小学教师的教学状况问卷调查结果

调查问题	选项及所占百分比		
教师对实际教授方式的看法	提出问题 – 学生思考 – 讲解	学生自学 – 讲解	其它
	65%	35%	0%
学生对实际教授方式的看法	讲解、提问、组织讨论	讲解、提问	其它
	54%	46%	0%

分析表 3.2 的数据，可以看出教师的教授方式呈现单一、模式化的状态。教师及学生普遍表示课堂上的教授方式主要以讲解、提问为主。教师往往根据课前精心设计的教学方案，要么是长时间的系统讲解，要么是采用

不断提问的方式引导学生找到所期待的答案。对于随时产生的精彩的课堂生成,一些教师并不能有效抓住,挖掘它的思考价值。

表 3.3　对绿萝路小学教师的教学状况问卷调查结果

调查问题	选项及所占百分比			
老师对于“少教多学”的认识	学生素质提高,成绩下降	学生素质、成绩均会下降	学生素质、成绩均会提高	学生素质下降,成绩提高
	40%	18%	28%	14%

这样的教学方式、教学行为背后隐藏的是教师们对“少教多学”认识的不足。数据表明,仅有 18% 的教师认为教师减少教授的时间,多给学生自主探究、合作交流的机会能够促进学生考试成绩和素质的提高。多达 82% 的教师则对“少教多学”持怀疑态度,觉得这种教学方式不利于学生成绩的提高或素质的提升。

(三) 学生学习状况

调查问卷显示学校 98% 的家长对孩子的学习成绩表示能够接受甚至很满意。这说明学生对于知识的掌握情况还是不错的。但现代教育关注的不应仅仅是分数,更应该关注学生是否养成了良好的学习习惯以及学生的自主学习能力是否得到了训练和提升。

根据表 3.4 的数据,仅有 38% 的教师对学生的学习能力感到比较满意。大多数教师认为在传统课堂下学生的学习处于一种被动状态,缺乏智慧和观点的碰撞,学生学习能力的提升需要受到关注和重视,学生发现问题、思考问题和解决问题的能力有待进一步提高。

对于学生的学习态度,47% 的教师觉得学生在学习上有着“我要学”的心态,学习时很刻苦。超过一半的教师则认为学生的学习态度存在一定问题,学习时有懈怠、敷衍的心理,学习的动力不是来自于对知识的内在追求,而是分数、家长的期望等产生的压力。

表 3.4　对绿萝路小学教师的教学状况问卷调查结果

调查问题	选项及所占百分比			
家长对学生学习成绩的满意度	满意	能够接受	勉强能够接受	不能接受
	55%	35%	8%	2%
教师对学生学习能力的满意度	满意	比较满意	一般	不太满意
	4%	34%	48%	14%
教师对学生学习态度的评价	刻苦	一般	不刻苦	
	47%	42%	11%	

二、传统课堂的反思

绿萝路小学一直十分重视对课堂的研究和反思，除了设置调查问卷进行情况了解，从 2010 年建校起，就采用美国人类学家马文·哈里斯提出的“主客位”研究法，一是鼓励、支持教学第一线的教师对课堂进行主位研究，二是主动、积极邀请教研员、高校教学理论工作者大量参与课堂教学、给予教学理论指导，进行主位和客位的研究。另外，还采用“课堂观察法”、“教学案例研究法”、“深描解释法”等课堂研究方法，让教师从参与者走向会对课堂深入思考的观察者，了解课堂发展、关注学生真实状态，真正“读懂”课堂。

（一）传统课堂存在的问题

通过长期的追踪观察、对各种现象以及调查问卷结果的分析、研究，教师们发现学校现行课堂主要存在以下几种较突出的问题。

1. 教学模式僵化

在当前，虽然由于课程改革，教师们的课堂上有了一些不同的“声音”，但现行课堂仍在强调知识的完整性和系统性，上课过程中还存在演示教案的情况，教师是主角，学生是配角，甚至于“听众”。

课堂教学以统一的模式进行——教师导入课文、学生读课文、教师讲解并提问、学生回答——现代工厂标准化生产般的课堂,不仅教学内容和方法都是标准化,连学生获得的认知、价值观念体系都必须以“标准答案”为主。课堂上学生的创造性遭到遏制,他们无法形成自己的独特认知和生命体验。这样的课堂就如同一杯平淡无味的水,只是知识的简单复制;就只是一场无声的剧,听不见充满创意、敢于探索的声音;就像黑夜般黯淡无光,给予不了各种思想巨大的空间,无法让它们在碰撞中开出耀目的花。

2. 教学目标知识本位

受传统应试教育观念的影响,在现行课堂上,仍有教师倾向于灌输知识,忽视学生学习习惯、学习方法以及思维方式的培养。传授知识时,以考点为纲,与考试内容无关的不讲或者少讲,从而忽视了课堂对生命价值的探寻、对学生人格的熏陶。传授知识并促使学生掌握、会灵活使用知识是教师们的教学目标之一,但使每个学生获得最全面、有效的发展,使他们的生命质量得到提升,才应该是课堂的本质所在。

教师们应该蹲下来,多听听学生的声音,既要传递知识也要注重学生的生命体验。教育的“根”必须扎进生活的土壤中,从生活中汲取养分,得以发展,又要为生活服务,学以致用。

3. 师生关系不平等

放眼现行课堂,教师们常会看到这样的情景:学生坐姿端正,安静无声,只有教师提问时,举手获得许可后才可回答问题。沉闷的课堂背后,是教师权威下学生被动的学习状态。这样不平等的课堂环境,严重缺乏生机和活力,难于唤起学生的学习热情,更不用说激发他们的主动性和创造性了。

教师们应该明确学生在课堂上的地位,他们不应处于支配地位,而应该是和教师享有平等地位的对话者。教师们既要保证教师能够把自己的思想传递给学生,也要允许学生可以自由、有效地表达自己的想法。教师的权威不应该建立在学生的沉默和被动的基础上,而应建立在平等氛围中促进学生充分发展之上。教师要做到“目中有人”,要把学生当成是有思想的个体,平等民主地对待每一位学生。

（二）课堂问题的分析

现行课堂存在的多种问题，是由多方面的因素导致的。既有客观的外部社会环境制约，又有主观的认识影响。结合学校实际，教师们认为现行课堂产生以上问题主要有以下几个原因。

1. 传统教学观的桎梏

随着对生命课堂内涵的深入研究，教师们发现之所以存在僵化的传统课堂教学，主要来自于传统教学观的桎梏。在传统教学观的影响下，课堂教学内容以教材为中心，切断了生活与课堂的联系，教育为知识所用，游离于生活之外。教学中教学模式单一化，过于强调预设，只有“教”没有“导”，将教学等同于只注重知识传授的接受性教学。教师缺乏积极创设情境，激励学生自主感悟的意识。对于课堂的教学评价，一是课堂教学评价的对象过度关注教师，对于一节课的好坏、学生的学习情况等，都是通过评价教学目标的设定、重难点的把握、教学内容的准确、教学开展形式的安排等教学行为来确定课堂教学效果；二是评价学生时，过度关注学生知识和技能的获得，对教育促进生命发展的价值认识不到位，忽视了学生的情感、态度和价值观，忽视了教育的长远未来和整体，与学生的可持续发展需求不符。

2. 传统师生观的弊端

传统师生观中，教师和学生处于一种不平等的“权威——依存”关系。在教学活动中，以教师为中心，教师既是教学活动的组织者，更是课堂的控制者。教师决定着教学内容、教学目标、教学任务，学生必须跟着教师的思路进行学习，久而久之，学生便缺失了自己的思维主动权，不再主动去理解、内化知识，无法体验形成知识的过程，进而丧失了形成创新思维的核心能力，沦为知识的容器。

更甚者，在这样的师生观中，教师和学生以至于社会形成了一种共同认知：在课堂中，教师是权威，学生应该服从教师。教师和学生之间不是在民主、平等、互教互学的氛围中，开展平等对话、自由沟通，进行探究和协助。

学生个性得不到张扬,生命活力受到抑制。

3. 工具理性影响

工具理性是指在对人们行为合理性进行判断时以效率和结果作为标准,而不考虑行为动机。它是立足于科学基础,满足人自身需要的理性。它反映在教育中就是对生命漠视的教育功利主义。教学被作为未来获取美好生活的工具,知识是为了迎考而学习、为了取得高分而掌握。“工具理性注重的是手段的合理性。科学世界的教学,教人以‘知识作为力量’成为世界的占有者,人成为‘逐利’的工具,而不谈对人的价值关怀。所以,科学世界与生活世界的断裂,导致教学与人的隔离,教学以理性知识为本,忘却了对人性提升的作用。”①

在工具理性的驱使下,学生、教师和家长,甚至社会把人作为一种全面发展的高素质的“器”,关注的是知识的占有,而知识背后所蕴涵的思想、方法,传递的文化精神、社会责任、家国情怀等生命价值都被忽视了。这种忽视生命存在、缺乏生命关怀的工具性教学活动,不仅是教育的缺憾,对于教育的主体——广大学生来说,也着实是一种悲哀。

第二节　生命课堂样态

要将课堂从知识课堂转化成生命课堂,首先要触及的是生命课堂的内涵,只有准确、深刻理解其核心概念,才能把握好方向,实现课堂教学的重建,切实落实好新课程改革。

我国对生命课堂问题的探讨始于 20 世纪 90 年代末。1997 年,叶澜教授在《让课堂焕发出生命活力———论中小学教学改革的深化》一文中指出传统教学使课堂教学变得机械、沉闷和程式化,缺乏生气与乐趣,缺乏对智慧的挑战和对好奇心的刺激,使师生的生命力在课堂中得不到充分发挥。

① 卢红:《关于课堂教学价值地位的思考》[J],《教育理论与实践》,2003(1)。

教师们要“把教学改革的实践目标定在探索、创造充满生命活力的课堂教学,因为只有在这样的课堂上,师生才是全身心投入,他们不只是在教和学,他们还在感受课堂中生命的涌动和成长;也只有在这样的课堂上,学生才能获得多方面的满足和发展,教师的劳动才会闪现出创造的光辉和人性的魅力,教学不只是与科学,而且是与哲学、艺术相关,才会体现出育人的本质”。叶澜教授从生命的层次,用动态生成的观念重新认识课堂教学,引起了教育工作者的关注和思考。

随着新课程改革的实施,学者们对“生命课堂”的不断研究,2003 年,王鉴在《课堂重构:从“知识课堂”到“生命课堂”》一文中明确提出“生命课堂”这一教育词汇。相对于“知识课堂”的以知识为本,王鉴认为“生命课堂”应是以人的发展为本的课堂。

“生命课堂”是在“以人为本”思想的指导下,立足于受教育者的生命发展,以学生为主体,开展师生、生生之间的思想、情感、价值观念交流的活动。在这里,课堂不再仅仅是教师和学生教学活动的主要场所,更是他们生命价值得以实现的快乐场所。

随着课堂改革的不断推进,绿萝路小学提出了“开放”、“生成”、“互动”、“提升”的生命课堂理念。它是以“人本”为基石建构的全新课堂。在生命课堂上,教师从对“人”真正的“发现”来“认识”学生,清晰界定“学习者”和“学习条件提供者”的角色关联性,通过成就学生来促进师生和谐、全面、可持续发展。

一、生命课堂的变革取向

教育是直面人的生命、为了人的生命质量的提高而进行的社会活动,是以人为本的社会中最体现生命关怀的一项事业。教育要让所有的生命获得最大的发展,学校应该是一个“生命场”,师生的生命在校园中得到充分的尊重,生命质量得到提升,生命之花在校园里精彩地绽放。绿萝路小学的办学理念就是以尊重生命为前提,真诚地倾听不同生命成长的节律,为学生营造一种生命成长的生态氛围和意境,真情地关注每一个生命,呵护每一个生命,耐心地期待每一个生命的成长。学校教师在实现自我生命价值的同时,成就学生生命的健康成长。

(一) 追求生命性

生命课堂是对学生作为生命存在的客观现实的关注,是学生观从“认知体”到“生命体”转化的具体体现。生命课堂应以生命发展为出发点和落脚点,通过对生活世界的关注,达到书本世界和生活世界的结合,使学生得到自我展示、自我生成和自我超越,并使课堂成为教师的生命历程的重要组成部分,让师生生命在互动、情感交流中感受生命的魅力和成长,完成充满生命价值追求的教和学。

同时,要以学生为本,关注学生生命的差异性和个性化。重视学生的不同兴趣、个体需要和自身才能,尊重生命本体的多元化,充分激发生命个体的内在潜能,使课堂充满生命关怀,使学生获得有个性、有特色的发展。

(二) 追求发展性

生命课堂追求发展性,需要教师们认识到学生学习知识的生成发展性。在课堂上,学生在教师的引导、组织下进行知识学习,对新知识的理解和吸收是一个建立在自身原有经验基础之上的同化、内省的过程,是一种动态的发展过程。因此,教师不能用预设的目标、标准来限制学生在主动、积极、创造性的活动中获得发展。

一切事物都处在永不停息的运动、变化和发展之中,生命更是一个过程性的发展。追求发展性的生命课堂应该重视学生当下的身心发展需求,而不是过多地将成人的认知、思想以及责任强加于学生,使他们缺乏对生活的体验、对生命的感悟。教师要用发展的眼光看待课堂,处在日新月异的时代中,课堂很难为学生提供一个包罗万象、不再改变的知识体系,只有教给他们探索未知世界的方法,才能让他们在未来岁月中实现生命的超越,得到自我不断完善。

（三）追求生活化

杜威认为，一切事物的存在都是人与环境的相互作用的产物，因而人也不能脱离环境，学校的教育教学也不能脱离眼前的生活。陶行知先生也告诉教师们“生活教育是生活所原有，生活所自营，生活所必需的教育。教育的根本意义是生活之变化。生活无时不变，即生活无时不含有教育的意义”。当前，新课程也积极倡导学生学习的背景应该是生活化的。学生最终要走向社会、走向生活，教学活动不应只着眼于当下，它还是一种学生成长过程，应该为学生未来生活做准备。对每个学生来说而言，知识世界来源于生活世界，是对生活世界的思考与升华，最终是为生活所服务的。一堂真正意义上的好课不可能脱离生活，与学生的日常生活无关。一堂人人称赞的好课应该是学生探索世界的指南针，是他们人生征途上的补给站。只有存在于学生日常生活并为学生未来生活服务的生命课堂教学，才会具有旺盛的生命力。

有趣的影子课

伴随着上课的铃声，这节课我将给孩子们上《影子》这篇课文。

“影子在前/影子在后/影子常常跟着我/就像一条小黑狗。

影子在左/影子在右/影子常常陪着我/它是我的好朋友。”

孩子们摇头晃脑，正读得高兴。突然，一个小女孩站起来：“老师，为什么说影子像一条小黑狗呢?”是呀，为什么说影子像一条小黑狗呢？这个问题对于成年人来说很简单，可学生为什么理解不了呢？我试图在班上利用朗读、课件观察等方法理解，但经调查，还是有一部分同学似懂非懂。教学又一度停留在枯燥的词句分析上。

怎么办？面对孩子们不解的目光，我看了一下窗外，阳光普照。“这样吧，我们到操场上去上课吧！”孩子们一呼百应，高兴异常。

孩子们走出教室，操场上，我让孩子们在阳光下做出各种动作，但必须观察自己影子产生的各种变化。孩子们盯着自己的影子，有的走动，有的跑动，有的跳起来，还有的做出各种可爱的动作扭头去观察。操场上笑声一片。

然后，我让孩子们坐在一起，交流各自对影子的理解。

有的孩子说："我面向太阳的时候，影子在我后面，我背对太阳的时候，影子却在我的前面"。有的说："我发现影子怎么甩都甩不掉，老缠着我。我跑它也跑，我跳它也跳。"还有的说："我发现影子是黑色的，肉肉的，还会做各种动作，真的就跟课文中说的小黑狗一样"！

等孩子们讲完，我这时再问："影子就像一只小黑狗。你们这时理解了吗？""理—解—啦——！"操场上洋溢着孩子们争先恐后地回答声。

看他们这么快乐，干脆让孩子们进一步了解影子的属性。"这样吧，教师们再来玩一个游戏。两个人一组，互相踩对方的影子。没有被踩中的一方获胜。怎么样？要想办法不让对方踩到你的影子哟，你们有信心吗？""有——！"操场上可热闹了。有的孩子是通过跑，不让对方追到自己的影子；有的孩子利用面对、侧对太阳影子方向不同的原理在操场上腾挪跳跃，煞是可爱。一节课下了，孩子们还依依不舍。

一节有趣的影子课，把课堂挪到操场去，场地的不同，却带给了孩子们那么多的快乐，让学生在收获知识的同时也放飞了孩子们的思维和身心，使教学回归了生活，何乐而不为！

（章世娥）

二、生命课堂的实践样态

绿萝路小学倡导生命课堂，关注课堂中学生生命的成长。生命课堂以"人"为根本出发点，这决定了评价必须坚持以学生多元发展为中心的立场。于是教师们认为生命课堂教学应该呈现出"六看六体现"的样态：教师应该关爱每一名学生的生命成长，体现生命性；找准师生的课堂角色，尊重学生主体地位，体现生本性；关注师生之间的教学相长，体现生长性；能够有效启迪学生智慧，体现生成性；充分激发学生个性彰显，体现生动性；鼓励学生积极进行知识拓展、走进生活，体现生活性。

为确实保障生命课堂的“样态”成为“常态”，为让教师更快转变教学观念、更好打造生命课堂，学校从学生、教师等不同视角将标准具体化生成了《绿萝路小学“生命课堂”教学观测表》。从三个层面对生命课堂进行评价：教学设计，学生主动参与学习，学生参与学习的效果。旨在通过具体量化对教师的课堂进行诊断、指导、激励和导向，引导教师在实践中不断总结与反思，实现课堂大变样。

表 3.5　绿萝路小学“生命课堂”教学观测表

<table>
<tr><th colspan="2">评价项目</th><th>分值</th><th>评价要点</th><th>简要阐述</th><th>分数</th></tr>
<tr><td colspan="2">教学设计</td><td>20</td><td>1. 教学重难点把握恰当，多种方法突破重难点。（8 分）
2. 教师的指导高效、有价值。（7 分）
3. 教学准备充分。（5 分）</td><td></td><td></td></tr>
<tr><td rowspan="4">学生主动参与学习</td><td>学生参与面及合作形式</td><td>15</td><td>1. 有组内或班级内的发言交流达 100%。（5 分）
2. 形式多样，人人有新的知识生成。（10 分）</td><td></td><td></td></tr>
<tr><td>学生参与学习的时间和广度</td><td>15</td><td>1. 学生有自主思考的时间。（10 分）
2. 学生有自主选择的作业。（10 分）</td><td></td><td></td></tr>
<tr><td>学生在解决问题中成长</td><td>15</td><td>大胆质疑，能提出不同见解。（15 分）</td><td></td><td></td></tr>
<tr><td>学生参与学习的情感和态度</td><td>15</td><td>1. 学习兴趣浓厚。（10 分）
2. 有良好的学习常规，如倾听、评价等。（5 分）</td><td></td><td></td></tr>
<tr><td colspan="2">学生参与学习的效果</td><td>20</td><td>“三有”目标：有学生的思考、有学生的争论、有学生的发展。（20 分）</td><td></td><td></td></tr>
</table>

1. 教学设计

教师对于课堂的把握、驾驭是建构“生命课堂”的前提条件。学校从教学重难点的把握及突破、教师的指导效果以及教学准备等方面来考查教师的教学设计中教学目标是否合理、具体;是否准确地分析、解读了学情;是否对学生有可行、有效的学习方法、策略的指导;教学环节设计是否能够促进教学目标的达成。只有教师目中有“人”,把每一节课用心上好,才能促使学生达到最佳学习状态,让他们主动去担任学习的“主角”。

例如,通过思考,教师们发现以往的教学,大家往往把眼光局限在本册知识和单元内容的理解上,缺乏对小学六年知识整体的把握。针对这一情况,每学期初,教师们就会以教研组为单位开展建立学科知识树的学习,使“教”从局部改进走向整体建构。依据课标中的培养目标,教师们将孤零零的单元目标连成知识线、汇成面,进而构成知识体,自主构建学科知识树,更好地让各个知识点找到生长点、延续点,明确了学科培养目标,即抓住了学科教学的灵魂,课堂教学更游刃有余。

2. 学生主动参与学习

“学生主动参与学习”含 4 个指标:①能够采用多种方式最大范围组织学生合作学习,分工明确,人人参与,具有一定的合作效果;②尊重差异,依据学情在自主学习时间、作业等方面区别对待;③师生能够平等对话,允许学生提出自己的观点;④课堂互动氛围良好,学生学习兴趣浓厚。

“生命课堂”除了要落实教师在课堂中的主导地位,更要注重学生在课堂中的主体地位。“以学定教,不学不教”,教师要把学生推向课堂的中央,自身只进行提纲挈领、答疑解惑的辅助活动。“教”应该建立在“学”上,“以教助学”,不仅要向学生传授系统的知识,还要重视学生学习态度的培养、学习方法的获得、学习思维的过程以及学习能力的提升。因此,“生命课堂”的教学评价体系最终应回归到学生的“学”,鼓励学生自主地参与学习。

在一节五年级的数学课上,教师让学生举出最小公倍数的例子。成绩不算太好的鹏同学回答说:“6 和 9 的最小公倍数是 54”。随后孩子高兴地坐下。教师注意倾听了孩子的发言，立刻判断出他是根据自己以往的经验才认为6和9的最小公倍数就是6和9的乘积。于是，教师借这个孩子的回答抛出“怎样计算这两个数的最小公倍数”的问题，并让学生分组探究。学生有的用列举法一一列出倍数，再寻找；有的先算出公因数再求。通过汇报，大家得出结论：最小公倍数就是先将数分解质因数，再用共同的质因数与其它质因数相乘。教师们发现：让学生走在课堂的前沿，不让教师的讲与思维包办学生的思维，学生的天地是如此宽广！

3. 学生参与学习的效果

课堂教学的评价具有导向和激励功能，在生命课堂中教师们要对传统的过度关注学生知识技能的评价作出摒弃、突破和超越，转向对学生综合素质的全面关注。在课堂上，教师们要重视学生的学习能力、学习方式、学习态度以及情感、价值观等方面发展，弱化评价的甄选效果，激活学生的学习动机，激发学生的求知欲望，促进学生全面、有个性、有特色的可持续发展。

教师不应该只是照本宣科，而是要整合、优化书本以至于生活知识，引导学生有思考、敢争论，向着积极、健康的方面发展，并作为完整的生命个体，获得全面、有效的发展。教师们既要看到学生的现阶段学情，更要着眼于将来发展趋势，要用发展的眼光评价学生的学习效果。

第三节　生命课堂的建构

关注教育生命是对教育的本然意蕴的回归。“生命课堂”作为直面生命的主要场所，应该注重知识的生活态、生命态，关注学生的主体地位，让课堂走进学生生活，点化生命的成长。作为教师，应在尊重生命个体的前提下，聚焦课堂，努力为学生创造更具人性关怀、更具活力的课堂环境，促进学生最全效的生命价值的实现。下面具体谈谈绿萝路小学是如何创建和改进生命课堂的。

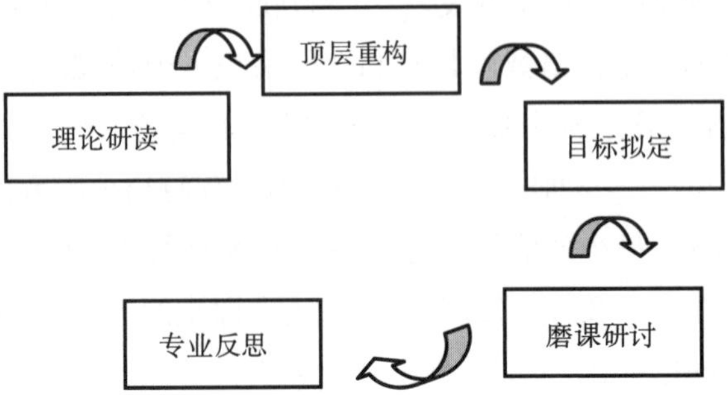

图 3.1　生命课堂创建途径

一、理论先行，确立方向

要构建“生命课堂”首先就要引导教师改变原有的功利性、理性主义、教学习性，在教学设计上充分考虑到学生的创造性、自主性以及知识的多样性等因素，为学生提供广阔的发挥空间。但正如十年课改的重要推动者朱慕菊女士所说：“课程改革事实上也是一种文化运动，它只能引领，不可能强制任何人”。所以，对于教师的引领只能靠思想发生根本的转变，从而引发教学行为的变革。绿萝路小学通过“同读一本书”、“绿萝讲坛”等一系列“头脑风暴”，实现教师课堂观念的转变，进而促进生命课堂的建设。

（一）“同读一本书”。“人学始知道，不学非自然”。在现代这个日新月异的社会，要想开阔眼界，不断吸收新的理念、思想，那么，最快捷的办法就是读书。为更好构建“生命课堂”，学校集中为每位教师配备了《学习的革命》、《面向个体的教育》等优秀书籍，人手一册，统一规定双周一下午四点半开始静心阅读。怎样让教师的读更好效果？学校大打“交流牌”，每位教师读后会迅速结合课堂实践谈感受，进行“头脑风暴”。

又如，在进行“神话教学”专题研究时，专题组的教师们不仅研读了文学素养理论、教育学书籍，更自觉阅读了《千面英雄》、《神话的力量》等专业经典作品，还从中国知网下载 90 余篇相关论文自学。厚积以薄发，在丰富的理论阅读支撑下,专题组的教师们重建了对英雄神话的认识,那就是:英雄神话的外在形式不停地流变,但是其内在结构基本上没有改变。英雄们在精神与情感探索中的共性代表了每一个拥有相对完整人生的人都会遇到的经历。这就是为何各地文化史诗中的英雄们会有诸多不约而同的巧合的原因。

“你有一个苹果,我有一个苹果,彼此交换一下,教师们仍然是各有一个苹果;但你有一种思想,我有一种思想,彼此交换,教师们就都有了两种思想,甚至更多”(萧伯纳语)。由于阅读内容相同,大家在交流时都是同感而发,同时又有活生生的课堂实践相补充、佐证,这种方式,既助推了教师读书的专心与快速思考,又广开言路,令人思路大震。

(二)“绿萝讲坛”。在阅读的支撑下,学校教师在“生命课堂”上已经从“要我变”成为“我要变”。于是,绿萝路小学进一步依托大学教育资源,充分发挥资源优势,开设“绿萝讲坛”为生命课堂建设注入源动力。为了迎接新课程改革带来的挑战,让教师们有充足的时间和精力进行自我反思学习、与同事和研究者进行交流研讨,与华东师范大学基础教育研究所建立了“U—S”合作关系。学校从上海、深圳等地邀请专家、学者来给教师们讲解新课程理论,宣传新课改的理念,为教师提供了与研究者平等交流、探讨教育教学问题的平台,力求教师们能够第一时间了解新课程改革的最新动向、掌握新颖的教学理论和教学方法,让教师们知晓研究就在自己身边,学生的一言一行,一个眼神,一个想法、一次转变、一次交流,只要用心关注,“众里寻她千百度,蓦然回首”,课题就在“灯火阑珊处”,班级生活里处处藏着惊喜。

在“绿萝讲坛”上,三峡大学文学院刘波博士给全体教师进行《从莫言获奖谈起》的文学讲座,唤醒大家对生命价值的追寻;深圳南山实验学校的唐晓勇校长来校专门为全体教师作“思维导图”培训,为教师课堂上激发学生思维“添砖加瓦”。以高校为引领的“绿萝讲坛”为学校“生命课堂”注入了更多“新鲜血液”,拓展了教师的眼界,促进了教师专业化成长。

二、顶层重构，攻克难关

新课程改革，转知成智是重要的变化之一。学校重拾“课程论教学体制”的观点，紧抓培养学生的创新精神和实践能力这一核心，创造性地运用教材、重组教材，以学生的能力培养为基点，大胆地对课例进行详略、前后及拓展地处理。

实现这一转化的有效途径就是集体备课。学校坚持单周二下午为集体备课时间，地点以年级办公室为主，备课主持人即为记录人，人人轮流担当。通过集体备课，打破了教师们教材唯上的观点，重课程、重能力培养的观点悄然植入教师们的内心。

在集体备课中，教师们遵循“三议”的原则。“三议”具体是指议教学目标、教学重点以及授课思路。利用集体备课使教师们的着眼点不再仅仅放于“一棵棵树木”——某一篇课文，而是眼中既有“森林”——单元整体，或者更长远的学期、年段，甚至整个小学阶段的教学目标，又有这篇课文如何有效落实的“树木”。

“议”是打开思路的关键，也是将备课的私有化变成经验知识与他人分享的过程。在共享的过程中，教师的业务能力也在不断得到修正与提升。如六年级语文教师在进行第三单元的集体备课中，年轻教师将《穷人》的立足点放在环境、心理与对话三者的描写上，平均分配时间学习，学生身心交疲。而有经验的教师则会主攻心理描写，认为真实的心理描写最能反衬主人公的善良品质：明知家境极端困难，却毫不犹豫地抱养了邻居的孩子，事后内心地挣扎是正常的，这正是她爱家庭、爱孩子的体现，也是该篇课文的精华。此处描写研究清楚，中间穿插对环境描写和对话描写地粗略理解，桑娜的善良及一切优秀品质就会迎刃而解。在本处描写教学后，再引导学生围绕心理描写进行拓展阅读，进而号召学生进行人物心理描写的练笔，这样，课堂有专攻，拓展有专读，习题有专练，“三位一体”，学生写作水平的提高就会水到渠成。

又如在进行《普罗米修斯》教学时，专题小组的多数教师在设计教学时标准化、模式化，没有突出“神话”这一文学体裁的特殊性。但通过集体备课，他们深挖“神话”内涵，突破教学思路，认识到学习一个英雄太单薄。既然英雄神话有共同的特征，那么，可以出现一类英雄神话，让学生自学，主动发现英雄神话中英雄在人类遇到重大磨难时，他自觉挺身而出，并历经重重磨难，跨越层层阈限，最终为人类谋福，获得精神上永生的本质。集体备课——这样“议”课的平台，为教师的交流提供了机会，教师的教材研读能力与课堂教学水平得到了快速地提升。

三、目标拟定，选择课题

在现实教学过程中，教师们往往会看到这样的现象：教师们只想教，不想研，认为教研活动是浪费时间；教师们每周有教研，但质量不高，一人上课，其他人观摩，讨论时应付差事，研究时主题不确定或抓不住真正的问题，从而导致做了很多课题，学校没有突破性变化，每周都有教学研究，课堂教学变化不大。课题研修，换来的是教师的不解、质疑、躲避与逃离。在以往的研修中，也有教师看重的更多是课题所带来的光环和荣誉，并非基于学校自身的教育教学实际，也并不以改进本身的教育教学工作为最终目的。

于是，在研修之初，课程发展中心多次组织教师们召开各学科教研会议，广开言路，收集教师们在教育教学中的实际教学难题。同时，走到学生中间，倾听他们的学习疑惑。以语文学科为例，阅读教学究竟是提高人文性还是工具性？课堂上的阅读是理解课文还是知道课文？传统阅读教学模式和现实阅读需求如何有效契合？这些都让语文教研组的教师们在进行阅读教学时感到困难重重。于是，语文教研组和专家交流后，一致决定就围绕“小学阅读教学”开展研修。这样的选题，是对教师感到困惑的具体、实在、对他们有意义的问题开展研究，因此教师们非常感兴趣，参与热情高涨。

如何让专题研修真正地扎实有效？教师们一是保证全组人人参与的时间，固定安排一个组内教师都没课的时间，力保人人参与。二是人人分工，共同分担责任。如语文教研活动中，具体承办事项有：主持、主题的确定、摄像、照相、新闻宣传、资料记录并提升、专家资料及整理、专家接待、网上论坛、班级学生带领等。在第一次活动前，组长就根据各人专长及兴趣进行第一次全体成员的参与式分工，在活动中对于确定好的角色实行人人轮换制度。人人参与，团结协作的教研方式，不仅能很好地起到激发主人翁意识作用，更能在系列的活动中，增强角色体验，促进教师思维的深层次参与，互动参与，让思维火花产生不断碰撞。

同时，教师们也认识到单位时间内不可能实现多个目标，通过团队交流，大家一致达成共识：专题研修的主题要从“小口”切入，努力作减法，每次研修确定一个重点目标。各个环节的设计都必须围绕这一目标进行。如低年段语文教研组的教师在实际教学中注意到小学低年级要认识常用汉字1600个左右，低年级学生对结构复杂的字形不容易记住，识记生字的字形一度成为教学中的重点、难点。因此教师们以识字教学中的“形近字教学”为研究课题，开展了扎实有效的课题研究。

在课题研究开展之前，教师们以组内为单位，认真查找有关文献、阅读学习相关资料，并及时归纳和总结。研修会上，教师们首先交流分享了文献学习的收获，分别从形近字的特点，识记形近字的方法，并结合自己实际教学中的鲜活案例，对形近字教学提出了自己的见解和有效的做法。教师们注重实践和思考，提出要运用灵活多变的方式开展形近字教学，创设不同情境，引导学生用自己喜欢的方法识字、在实践中识字，保护学生的识字兴趣，从而成为学习的主人。并创造性地从象形字、会意字、形声字和偏旁归类识字法入手，制作了适合低年级学生观看的《快乐识字》微课，带领学生们在绘本故事和日常学习、生活情景中去认识更多的字，让学生们在轻松愉悦的体验中快乐识字。由此可见，教师只有自身深研目标，深刻领会目标，教学才会水到渠成。

四、磨课研讨，分享智慧

在新课改的大背景下，虽然部分教师对改革理念接受、认同，积极参与改革过程，在改革中通过学习获得了成长。但是，受传统教育观念的影响和现实因素的制约，多数教师对新课程改革并不热心。经验丰富的老教师已降低专业发展的期望值，拒绝改变多年的教学方式。新入职的教师虽然有教育热情，教育观念新，接受新鲜事物强，但却忙于熟知基本的教学常规、参与入职培训、了解教材内容，难以有多余时间和精力参与课程开发和课程实践。参与研修的教师也存在缺乏课程意识，研修积极性不高，没有课程开发的专业引领，课程开发能力低等困扰。因此，部分课堂仍然呈现重教材轻生活、重知识轻学生的状态，沉闷而无趣。这样的课堂与绿萝路小学追求的“生态”课堂相去甚远。教师的学识水平、教学技能、教育观念直接影响着学生的学习效果，决定着教育的质量。痛定思痛，只有让教师们不断“打磨课堂”，不再游离于课程改革，才能真正还于学生生动、有趣的“生命”课堂。

（一）专家引领，研究人员多元化

在绿萝路小学，参与课堂打磨的不仅只有学校教师，还有大学专家以及市、区教研员。

在“打磨课堂”中，教师是主要力量，是承载完成重构课堂实践的主体。教师能否积极地投身到课堂实践中去，以研究者、专家的眼光来审视自身教学活动，研究教育教学方法，更新教育教学理念，在实践中与大学专家、与同伴紧密合作，不断反思改进，提高自己的专业发展水平，决定着课程的目标达成速度与成效。

大学作为师资培养的根据地，大学专家长期进行系统化的理论研究，理论基础扎实，研究方法科学。部分大学专家还参与了课程改革的规划，各科课程标准的编写，各科新教材的编写与审定等等，对课程改革有着更深入的认识和解读。因此，学校积极寻找与大学的合作，在长期的教研中，力使

“打磨课堂”活动得到专业的引领，从而能够保证磨课研讨的科学性、合理性以及前沿性。

学校磨课研讨活动还得到了宜昌市教育局、西陵区教育局的大力支持。市、区教研员多次深入学校课堂，参与教研活动，给予专业的分析、指导，为广大教师答疑解惑，指明方向。同时，还协助学校与大学建立联系、开展共同研讨，为学校课堂实践提供了有力的条件保障。

其中，华中师范大学的毛齐明教授专门在绿萝路小学开设问诊课堂栏目，用《提问对象记录表》、《提问等待时间记录表》、《教师对学生回答问题的回应记录表》、《问题深度记录表》等表格对课堂进行了详实观察，并及时和教师们交流、探讨。其中：

教师所提问题深度记录表

记录班级： 记录人： 记录时间：

提问时间	所提问题纪录	识记	理解	应用	分析	评价	创造	无内涵问题

本量表旨在测量教师提问行为的层次与深度。在使用过程中，问题题目过长时，可使用关键词记录。针对识记、理解、应用、分析、综合、评价、创造等所提问题的层次，毛齐明教授的团队还专门对绿萝路小学的教师们开展了培训。如：

提问时间	所提问题纪录	识记	理解	应用	分析	评价	创造	无内涵问题
8:40	同学们喜欢夏天吗？							√
8:55	请同学们背诵《静夜思》	√						
8:58	你能给我举个例子吗？		√					

（续表）

提问时间	所提问题纪录	识记	理解	应用	分析	评价	创造	无内涵问题
9:00	你能说出正方形和长方形的不同点吗？				√			
9:25	可以给我在两点之间画一条直线吗？			√				

专家的引导促进了教师们磨课观念的转变，大家面对课堂更有“敬畏感”，不再单以感性认识来打造“生态课堂”，而是援引真实数据，以更科学的态度来作研究。在磨课活动中，教师不是排排坐，而是带着任务，分坐于学生当中，聆听、记录，思索、整理，力争用行动说话，用数据说话。如数学课堂提问策略的研究：

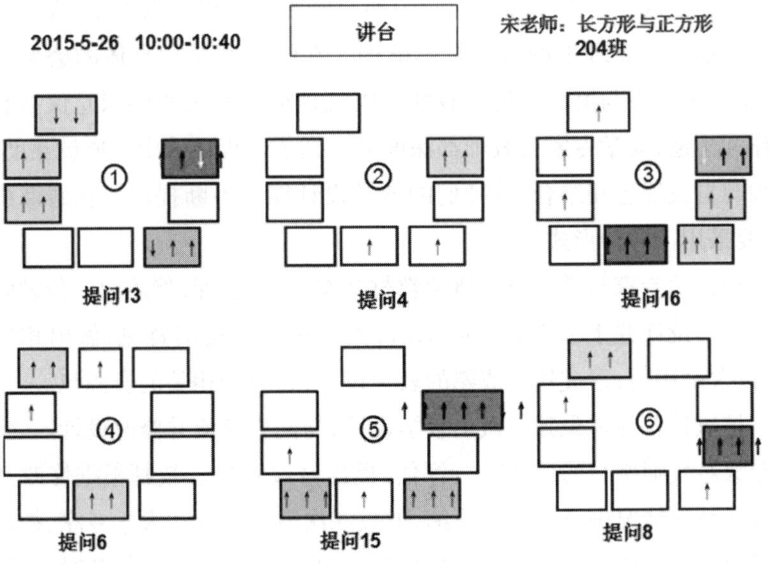

以上发言人数分布图中，红色区块显示了回答问题最多的学生；橙色、

紫色、黄色区域的学生回答问题依次逐步减少;白色区域为未回答学生。↑箭头表示主动回答问题,↓箭头表示被动点名回答。从图中可以清晰地看出课堂上教师的提问次数、回答问题的学生数、提问盲区、重点关注的学生。

在教授用科学的方法、详实的数据对课堂进行点评后,教师对目前的课堂有了更深入的认识,其中一位上课教师说:"我一直以为在问题的广度上应该是注意得比较好的,但一看今天的数据,说明我确实在这方面还有很大的差距。"经过与前面数据的对比,教师们在提问的广度和深度、把握提问的时机,掌握提问的分寸,考虑提问的层次,优化提问的方法,多提问一些开放性问题、提有统领性的问题等方面都有了大的改善。教师在课堂教学设计中,不仅师讲生答,也更注重让学生有提问的空间,使课堂提问成为学生创新能力培养的基点。

(二) 形式多样,课堂打磨深度化

课堂实践成功与否和和教师们的参与能力有着很大的关系,提高教师们的参与能力光靠理论的讲解是不够的。在绿萝路小学具体的磨课研究中,大学专家与参与磨课研讨的教师们围绕他们切实关心的课堂保持长期的合作和沟通,大学专家与教师都深度参与到了课程设计中。成员互助,专业引领与自我反思相结合,教师们的教学设计能力不断提高。在磨课研讨中,主要采用了两种形式。

一是大学专家与教师集中研读教材文本,集体备课,然后由一位教师执笔进行教学设计并上公开课。听课后,大家再提出反馈意见,做出相应修改,经再次试用后,形成较为成熟的教学设计,并完善相关的资源包。

二是执教教师首先独立做出教学设计,与同事交流并修改设计。之后,大学专家对教师撰写的设计进行评估,提出修改意见。教师根据修改意见结合实际教学情况进行选择性采纳,形成二次教学设计。大学专家、教研员以及学校相关学科的教师在听完执教教师的公开课后,会进行及时研讨、反馈:上课教师先陈述自己的设计意图与教学反思,大学专家、教研员与听课

教师再针对教学实际情况一起开展研讨。执教教师依据研讨结果对教学设计再次修改,并由其他教师在其它班级试用经再次讨论与修改后,形成最终的教学设计。

在不断的课堂打磨中,教师对教材有了新的理解,对课堂的把握更加得心应手,学生的学习反馈也令人惊喜。以学科间整合课《鲜花和星星》为例,前期整合中,语文的教学目标设定为认识生字,读准字音;正确、流利、有感情地朗读课文;培养学生的想象能力。音乐的教学目标则为用不同的表现形式来表现《星光恰恰恰》,体验欢快的情绪,增强身体动作的协调性。虽然上课形式上采用了同一时间段共同上课的学科整合模式,但是"形散"成为制约课程达到最佳教学效果的"拦路虎"。在试教后,来自华东师范大学杨小微教授以及学校听课教师一起对该课进行了及时研讨,就整合课程的中间过渡和承接如何更自然、教学方式和教学内容要改变哪一个以及怎么改等问题,集思广益,为执教教师出谋划策。杨教授指出应少做文章的片段分析,将"读"和"唱"结合起来,感受语言的美感,最终达到语文和音乐相互渗透、融为一体。基于此,执教教师对教学目标进行了调整,设置为美美地读诗,美美地唱歌,美美地律动和创编,共同感受星空的美,并对教学环节中片段分析进行删减、增加了学生的朗读体验。课后,学生纷纷表示:这是一堂奇妙的课,可以边跳舞边朗诵,太美好了。而执教教师也在课堂重构的过程中完成了对自己的教育、教学经历的反思,在实践中实现了自身的专业提升。

五、专业反思,重构课堂

在课堂上,学校号召教师放慢脚步多倾听学生的发言,给予不断地关注与调整;通过课堂教学录音、学生发言记录、课堂作业反馈等手段分析真实的数据,打磨、指引下一步的教学。在课后,学校也鼓励、要求教师进行自我的反思,形成自我的教学风格;提倡进行专业学术性的反思,开口要小,问题宜精不宜泛,切忌面面俱到,要力求把小问题阐述透彻。教师们生动地把它比喻为:摒弃“推土机”,欢迎“挖掘机”式的反思。

学校科研处真正起到了教研机构的管理和服务功能,对每位教师的反思及时批阅,做好批注,使问题的解决更有针对性。有时候写得好的教学反思,学校还会主动帮助投稿。自己写的东西有了同事的指导,还可以公开发表,教师们更加认识到反思的重要性。

同时,教师还借助现代技术手段,制作微课程记录自己教学故事,以此来反思自己的教学行为。《教学反思,想说爱你不容易》等一批微课程脱颖而出,教师们用全新的微课程带来全新的思考,不断更新观念、改进教学行为,促进自己的专业化成长。

在此基础上,学校基于每个教师连续的跟踪式教学反思,打破常规,改变教师自己记录、自己总结的模式,把全校教师聚集在一起,定期举办“创新分享”。每次研讨一个话题,如“语文阅读教学”,或解决一个问题,或分享一个教学智慧,为教师创设了反思、交流、学习的平台。大家畅所欲言,互通信息,互相帮助,取长补短。通过听众与分享教师的交流互动,从而衍生出新的智慧。教师们深信两种甚至多种思想的交织会促进自身更好成长。

绿萝路小学的“创新分享”,主张将“话筒”交给教师,实行三步走:

第一步:结合校园文化对课堂提出诠释,课堂应是孩子们交流、成长的场所,教师要善于观察学生、引导学生、思考策略。通过文化氛围的营造,学校希望可以引起教师们对课堂的思索,在教学实践中依据学情充分发挥主观能动性,进行教学创新。

第二步:发挥名师效应,号召骨干教师、优秀教师率先介绍自己的课堂教学创新心得、反思。选取自己教学中最具有教育智慧的一个点,谈深谈透,尽己所欲,发人深省。

2014 年 5 月 19 日,第一届创新分享在学校学术报告厅举行。孙妮娜、许莎、赵娣、彭兰苏等四位教师分别以《百花齐放爱写字》、《海量歌唱》、《可爱的 E 作业》、《语文教学的 1:4 和 4:1》为主题,从怎样让学生爱上写字、整合教材、读写结合和作业方式等方面为全校教师献上了精彩大餐,让教师们在钦佩前行者的同时，纷纷反思自我的教学实践，悄悄寻找最适合自我的教育点。

第三步：年级团队交流。有了先行者的成功迈出，年级团队交流呼之欲出。在年级组范围内，教师们自己推选主持人，拟定题目，安排版块及顺序，人人上台交流。同样要求：忌大、空，求实、小，讲真实的体验轨迹与扎实的探究过程。三年级组内，同是数学教师，有的教师交流的是怎样提高学生计算水平，而有的则交流的是辅导学差生的策略；刚上岗一年的体育教师推出的则是《灵动篮球》……教师们追求彼此之间智慧的碰撞，也更珍惜以此为楔子引出的后续思考，而这恰恰是弥足珍贵的。

“创新分享”把教师从教室讲台推向教师讲坛，同样是前台，却完成的是教师对教师的聚焦，对于专业不同角度的深刻反思。这一策略，无疑是对教师教学理念提升、教学思维拓展的最有效的手段。

在绿萝路小学，以“开放”、“生成”、“互动”、“提升”为灵魂的生命课堂正在成为学生生命成长、潜能形成和个性张扬的舞台。课堂逐渐变为学生是学习的主人，是课堂教学活动中的主体的课堂；变为以学生发展为本，强调学生是一个个具有思想、意识、情感、欲望、需求以及各种能力的活生生的人的课堂；变为通过更优的现代课堂教学设计和高效的课堂教学活动，使每个学生的各种潜能都能得到有效的开发，每个学生都能获得最有效的发展，实现教学与学生发展的真正统一的课堂。

通过长期的生命课堂的创建，绿萝路小学的教师们也不再单纯地将自己定位为教育教学的实践者，他们开始有一种无需外部强制而是源于对生命的尊重与关怀，急切解决教学问题、参与生命课堂决策、开发、实践和改善的迫切愿望与期待。他们会主动利用身处教育教学实践之中的优势，依托真实、鲜活的教育教学情境，通过直接的现场观察、现场式研究，对教学实践中的各种事件、问题进行如实地记录、分析和研究。在自我反思、自我研究的过程中，教师们的教学经验、教学方法得到充实，反思能力、科研能力得到提升,反过来也推进了学校生命课堂的进一步完善,形成了研究—反思—研究三向循环的过程。

现在,教师们的教学目标观由知识本位走向了能力本位、核心素养,目光也由知识转向人的成长;教学空间则由学校、课堂拓展到了家庭、社区、社会,形成了学校、教师、学生、家庭、社区、社会全方位的教育互助,以最终指向学生核心素养的形成与提升。如今,绿萝路小学的教师们正以一种崭新的姿态,站在生命的高度,努力探索着自然、和谐、有序的生态教学路径,让学生尽情享受着成长的快乐,家长尽情体悟着育儿的温暖,让现代教学、现代育人呈现出勃勃生机。

教师们的"蜕变"也完善了学校生命课堂的建设。学校生命课堂的建设从来都是学校发展的内核,从 2010 年建校以来,学校对生命课堂从最初创建时的零散、茫然、无序,到慢慢意识到生命课堂的重要性,开发与实施逐渐走向规范有序。回顾走过的历程,来自生命课堂的难题从来都没有标准化的解决方式,也没有完全可以借鉴的经验。基于生命课堂的创建与改进只有能褪去急于求成的心态,冷静地呈现不断努力的进程,从多种视角对实施经历进行理性的批判性反思,才可能打造真正植根于学校文化的真正的课堂。

第四章　多彩的生聚课程

自课程改革以来从政府到学校都在探索“好课程”之路，大家的普遍共识是教育机会寓于课程之中，教育机会的多少和优劣视学校课程的品质而定。课程被视为教育改革、学校改革的“良方”，基于这一思路，绿萝路小学开始思考并着手建设学校课程。这些课程规划、课程是否有足够的品质保证育人的质量？这些课程是否能与校园文化相关联？教师们应该如何评定这些课程的品质？这成了教师们必须思考、研究和解决的问题。

第一节　生聚课程的体系

课程的开发，首先要考虑的可能并不是要找到“人无我有，人有我特”的内容载体，而是要回答学校要培养什么样的人，用什么样的课程来满足学生成长的需要。关注、研究并尽可能满足学生生长的需要，应该是课程开发的出发点，也是课程开发的归宿。也就是说，学校的课程应是以“人”为本的课程，从“人”的需求和能力出发，而不是从某一特定内容出发。

一、生聚课程的基本内涵

教育是直面人的生命，它不是简单的文化传递，它是对人格心灵的“唤醒”，是为了生命质量的提高和所有生命获得最大的发展而进行的社会活动。

但是长期以来，我国的课程改革受传统教学观念等因素影响，呈现出一种忽视课程重视课堂、倾向于分科、过分强调教学忽视德育以及忽视学生本体个性发展的状态。这样的课程设置就课程本身而言，它的目标、内容、结构等都不是围绕儿童来组织的，而是围绕学科知识，关注的核心也不是儿童的情感、生活、经验。在课程的组织形式上，一定程度上还是以课堂为中心、以教材为中心，形式也比较单一化。内容也与学生的生活相距较远，没有回归儿童完整的生活世界，学生难以感受到知识的实际价值与意义，不利于学生理解知识、运用知识解决问题的意识的培养和能力的提升。这样的课程虽能系统地呈现知识，帮助学生迅速掌握知识内容，却严重影响了学生以完整的视角感知世界，也不利于学生将书本知识与现实生活结合以及学生的个性发展，更是与学生的长远发展需求存在差距。

在“信息大爆炸”的当今社会，知识更新的速度与日俱增，学校如果一味关注学生掌握书本上的知识，是难以使课程内容融入学生生活，让学生具有较强的社会适应性的。课程是实现教育目标的基本途径和载体，合理的课程设置对促进学生身心全面发展起着决定作用。课程应该是为学生而存在的，课程应该是为促进学生的发展而建构的。满足学生发展需求才是课程的出发点和归宿点。课程务必要通过改变达到提高学生素质以适应社会发展的目的。

绿萝路小学倡导的“自然的生态，自由地生长”的办学理念，体现了教育尊重生命、关注生命的价值取向。当前学校课程改革正向纵深发展，如何提升课程价值满足生命个体发展需求是必须解决的现实课题。在此环境下，绿萝路小学提出了学生发展所需要的、具有学校特色的、融国家、地方、校本三级课程为一体的“生聚课程”。

“生聚课程”是以不断积聚力量，培养“乐观向上，自信坚强”的绿萝少年为出发点的课程。它从儿童视角出发，正视学生作为生命存在的客观现实，立足于儿童现有的生活世界和生活经验，在尊重个体差异性和个性化的基础上，本着对生命的尊重、呵护、关爱，将“生命”的主体性凸显，着力培养学生的自主性、主动性、创造性和独特性，让学生通过课程来让成长的核心素养不断沉淀，把人的生命力、创造力聚集起来。

“生聚课程”是以倡导培养“全人”为根本目标，注重人的知识、情感、道德、精神等自由、充分、全面、可持续的发展的课程。在生聚课程中，绿萝路小学的教师们以人为本，充分尊重学生的教育地位，旨在通过一系列课程充分挖掘出学生所具有的潜能促进其完整发展；帮助学生不断完善自我努力成为一个有价值、有意义的生命体，达到自我实现；使教育回归生命，摒弃功利性，真正成为培养“完整的人”的教育。

二、生聚课程的核心价值

“生聚课程”以学生的发展为出发点，始终以培养什么样的绿萝少年和怎么样培养绿萝少年作为课程设计的首要考虑因素。基于“自主发展、社会参与、文化修养”三大核心素养的培养要求，结合时代发展特征以及学生思想意识自主、价值追求多样、个性特点鲜明的实际学情，教师们提出了“生聚课程”的六大核心价值，即尊重、合作、关爱、责任、悦纳与坚韧。

尊重，是尊重儿童的天性、想法和理解，让不同的思想在平等、尊重的氛围中得到充分的表现，让每一个学生的思维得到完满的表达。学校应该是一个“生命场”，师生的生命在校园中得到充分的尊重，生命质量得到提升，生命之花在校园里精彩地绽放。绿萝路小学的办学理念就是以尊重生命为前提，真诚地倾听不同生命成长的节律，为学生营造一种生命成长的生态氛围和意境，真情地关注每一个生命，呵护每一个生命，耐心地期待每一个生命的成长。学校教师在实现自我生命价值的同时，成就学生生命的健康成长。

合作，即为学习方式，让学生小组合作，在互助合作、互相帮助的课堂形态下自主探究完成学习内容，在思考与讨论中培养学科思维。小组合作探究是学生成就自我生命个体的主要形式。通过长期训练，教师们提出了三层合作训练法：一是根据问题先自我思索，形成自己的观点，作为提升的基础和交流的储备；二是与同桌或小组内互说，说时注意层次，认真倾听别人的发言，吸收好的观点与词汇，完成组内积累，成就自己小范围的提升；三是进入全班交流阶段，全班交流人员的确定要民主，可以采用组内民主推荐、轮流和自荐。这样的训练，不仅能提高学生的倾听能力、思维能力，也特别能培养孩子们的概括能力。

关爱，体现在校园环境和师生形态中，学校关注学生的内心诉求，通过系列课程把完整的生活呈现给学生，关注学生的精神成长。从学校实际出发，在统整生活化课程上，尝试构建生活化课程新体系。重点对艺术课程和体育课程进行整合与开发，鼓励学生积极投入生活，引导学生热爱生活、热爱运动，培养“乐观向上，自信坚强”的绿萝少年。开发生命课程，课程分绿萝篇、生命篇（赞美生命的儿歌、歌曲）、生存篇（生存常识及技能、抗挫心理）、生态篇（了解人与自然、人与社会的关系，保护环境），使学生在生命教育过程中提升对生命意义的理解，体会生命的意义，感受生活的乐趣。

责任，在课程中强调个人的积极作用，学生自主参与，自主分工，认真、积极地落实自己的任务。旨在使学生参与以活动为基础、以自主分工为基础和以问题解决为基础的学习，学生能积极应用他们所学到的知识和生活经验来发现、合作并解决问题，突出地体现在具有探索未知、追求真理的理性精神；实事求是、尊重规律的严谨态度；开拓创新、勤奋不息的进取意识；独立思考、敢于质疑的批判精神。

悦纳，即为在学习活动中，学生是愉悦的，以喜悦的心态接纳学习中的种种。学生能够“悦纳”，宽松的教学环境是保证。教师们的课堂应该允许学生出错，作为教师，对待错误的学生不能一概否定，而应该为学生提供宽松的教学环境，让学生敢说、想说、愿说、会说。每个孩子的成长需要一定的环境，教育就是要给孩子提供宽松、和谐的学习生活空间，让他们的心灵在潜移默化中游弋，张开自我情感、思维的翅膀，打开心智之门，在学会自己去认识世界、发现世界、理解世界的同时，拥有健康、活泼、充实、明亮的自我。

坚韧，是基于学校的绿萝精神所提出，对学生意志力培养的体现，希望学生在面对学习、生活中的困难与挫折时，如同绿萝有着顽强的生命力一般，拥有坚毅的心理，想办法克服困境，解决问题。教师们要培养学生乐观、向上、坚强的良好心理品质，让学生具备为幸福奋斗的精神和能量，为学生未来幸福生活奠基。

三、生聚课程的课程体系

“生聚课程”应该是符合小学生年龄特点、学生喜爱并能自主开展学习的课程体系。它应该是一个“课程链”，从书本到生活，从校内到校外，能够实现知识的整合与教育时空的融合，为小学生的课程学习与成长提供全面有效的帮助。因此，绿萝路小学在把握国家教育目标的基础上，在国家、地方、学校三级课程管理体制不变、国家课程设置不变、学生发展基础目标不变的前提下，对现行国家、地方课程内容进行适当整合重组，依据学校育人理念、学生需要、校内外教育资源，进行校本课程的科学规划和建设，进而构建学生发展所需要的、具有学校特色的、融国家、地方、校本三级课程为一体的学校“生聚课程”的课程体系——“绿宝 i 学”。

（一）课程内容

“绿宝 i 学”的建构是一个符合小学生认知心理特点的全面发展的课程体系，“i”即 ideal 理想的、independent 自主的、interesting 有趣的。课程的研修、开发是由学校教师在深度了解学生学习需求，遵循小学生不同阶段成长规律的基础上共同完成的。课程类别分为两大类，学科基础课程和综合实践课程。其中综合实践课程包括主题课程、红领巾课程和研学课程。“绿宝 i 学”课程具体指向促进课程内容和形态的改变，让家长参与课程的建构与实施，达成促进学生全面自主发展。

学科基础课程包含国家课程中学科类，还有学科整合课程以及基于课程标准对教材的拓展与开发。目前,学校教师已经自主开发出五类课程,完成了对国家课程的二度开发。一是以“经典诵读”为主要内容的“养心类课程”;二是以舞蹈、器乐、合唱、绘画为主要内容的“怡情类课程”,学校教师自编《小逗点动漫》、《海量歌唱》校本教材;三是以主题队会、升旗仪式、道德讲堂为主要内容的“润德类课程”;四是以乒乓球、武术、拓展训练为主要内容的“健身类课程”,并自编《灵动乒乓球》校本教材;五是以发明创造、劳动技能、低碳环保为主要内容的“实践类课程”。

主题课程,围绕一个主题,开展跨学科的综合活动,让学生的知识转化为应用,目前绿萝路小学已经形成完整的针对不同年级学生身心发展规律、认知规律的主题课程体系,例如一年级的“秋天的童话”、二年级的“夷陵柑橘”、三年级的“有趣的植物”、四年级的“神奇的电”、五年级的“智慧交通”和六年级的“桥韵古今”等等。这类课程是学生自主完成,从主题的确定到制定方案,从活动过程到活动总结,是基于真实生活的实践探究性学习,培养解决问题和动手实践能力、创新思维,学生在多向协同中获得发展。

红领巾课程主要是针对各个年级学生的具体年龄特征开发的,包括成长礼仪课程、传统节日课程、校园节日以及好习惯课程等四大类。“红领巾课程”旨在让全体学生适应不同阶段的学校生活,养成良好习惯,为小学生活以至于未来的生活奠定基础。

研学课程主要是由学校主导,家长组织的活动课程。课程旨在让学生走出校园,丰富学生生活体验,支撑学生的社会化需求。课程分六大板块,亲近自然、景观寻访、人物访谈、职业体验、家政服务、艺术欣赏。教师们希望通过课程让家长成为课程的实施者、参与者,改变家长的教育观,实现家校共育。

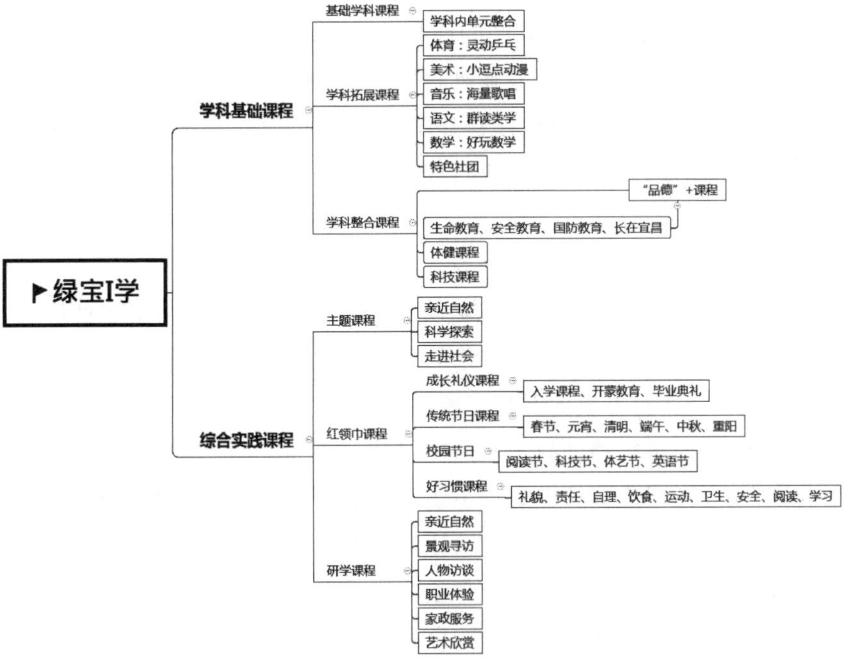

图 4.1　绿萝路小学"绿宝 i 学"课程图谱

（二）课程的实施

1. 课程培训，赋权予力

在 2013 年 9 月提出新课程改革的整体构想后，绿萝路小学组建了课程领导小组和课程审议委员会，由教育专家、教师代表、家长代表以及社会人士共同组成。同时，开办了课程和教学的大讲堂，制定了"生聚课程"的行动指南，每月组织全体教师学习，明白课程内涵及其价值。为了进一步激发教师们的课程领导力提升，学校每学期还会召开课程创新分享会，鼓励教师大胆创新课程实施，开发课程资源。

2. 组建社群，研发资源

在教师、学生、家长形成共同的课程价值观的前提下，学校积极鼓励教师依据学科和年段，自由组建专业社群，如习惯培养、群读类学、数学思维、红领巾课程、研学课程等，组成课程开发与实施共同体，尝试从“生聚课程”六大核心价值出发，对国家课程进行校本化开发，抱团开发教学资源，整合课程，实现课程的行动变革。

3. 以点扩面，整体推进

基于前期的研发成果，学校将各类课程进行整理归类，采用多种形式，针对师生需求，分系列推进研究成果的创生及推广，从而搭建出较成熟的课程整体模块。对于已开发的课程资源包，学校鼓励班级通过网络平台，与学生互动交流，适时进行辅助教学。这样，学生在家也能实时得到教师的指导解答释疑。此外，考虑到师生对于主题课程不是十分了解，学校在开展相关教学活动时先选取一个年级为试点，让学生开展研究性学习，并定期开展学生研究成果展。同时，定期举行教师主题课程交流会，找不足、寻改进，总结经验，再进行全校推广及主题课程的全面开展。

4. 内外兼顾，家校联合

绿萝路小学对家长委员会进行调整，学校大胆向家长“放权”。研学课程由年级家委会组织，按照板块要求实施。在过程实施中，家委会根据实际情况及学校建议不断丰富及改善社会活动课程的内容及形式。这样既发挥了家委会在家校联络过程中的纽带作用，加强了家校在学生教学活动过程中的信息沟通，更将学校、家庭的教育资源进行了整合与共享，使得“生聚课程”体系的建设更有保障。

课程是学生发展、人才培养的主要载体，绿萝路小学的课程改革是一场永不止息的教育实践。教师们充分发挥“生聚课程”的统领作用，坚持全科育人、全程育人、全员育人的基本原则，根据社会发展变化，及时更新、创新课程内容，充分发挥“生聚课程”在学生发展、人才培养中的积极作用，进一步提高绿萝路小学的综合育人水平，培养出具备“尊重、合作、关爱、责任、悦纳与坚韧”素养的绿萝少年。

第二节　学科课程的整合

学科整合课程，它打破了传统的学科知识界限，以知识间的内在联系和知识与现实生活世界的联系为关注点来组织、开展教学，充分调动学生运用生活经验、所学知识的积极性，不仅为学生的学习提供了更为深广的学习空间，更能促使学生的核心素养得到发展。

一、学科课程的整合背景

2010 年，清华附小的“1 + X”课程改革的成功，不仅为全国基础教育的改革做出了示范引领，更由此在国内拉开了新一轮教育实验的帷幕——“课程整合”。几年来，全国内涌现出了不少锐意改革的“面孔”：2013 年引发媒体广泛关注的重庆谢家湾小学“小梅花”课程、2013 年北京亦庄实验小学实施“全课程”变革、常州 5 所小学试点“全课程”改革探索……这些学校在学习借鉴国内外课程整合成功案例的基础上，以积极的姿态自主寻找全面育人新路径，探索出各具特色的“全课程”育人模式。

统观各个实验学校中学生的种种学习行为，教师们看到，这种以课程为依托，适合学生发展个体多元智能的课程整合把完整的生活、丰满的精神融入学校课程，将核心素养转化为学生学习的生产力，令学生的学变得更加开放、更富有情趣、更充满探究欲。可以说，在课程整合的视野下，学校以培养全人为目标，以跨学科整合为基本策略，进行覆盖学校全面生活的综合性课程改革，真正把枯燥的分科学习转化为一种情趣盎然又富有挑战和启发的生活。

课程整合是现代课程改革的主要问题之一，更是我国目前基础教育课程改革方案的重点内容之一。《基础教育课程改革纲要（试行）》在基础教育课程改革的具体目标中明确提出“改变课程结构过于强调学科本位、科目过多和缺乏整合的现状……以适应不同地区和学生发展的需求,体现课程结构的均衡性、综合性和选择性。”学科课程整合是课程整合的初级形式,也是课程整合最基本的模式。对学科课程整合的理论研究与实践探索是有效实施课程整合的必备阶段,是课程整合在学校教育实践中最典型的体现。

从现实意义来看,学科课程的整合首先能使每个学科都在学校课程体系中寻找到自己的位置,并且在各自的学科位置上实现对学生的教育功能,使学科间从相对独立走向密切联系;其次,学科课程的整合能够有力推进多学科间探究合作,使不同学科的教师在交流加深对彼此的了解,拉近相互的心理距离,感受共同研究教书育人的愉悦,促进教师的专业成长,激发教师的教育情怀。

二、学科课程整合的涵义及模式

学科课程整合关注的前提是课程资源应该是学生在学习过程中的问题、观点和有关目的。换言之,学生被鼓励把他们自己的生活经历整合进学校日常课程,以加深和拓宽他们对世界的理解,进而培养学生探索、获得和分析知识的兴趣。这种知识将出现在问题背景和对于核心课程的兴趣之中。实际的模式需要主题来聚焦真实的生活问题如冲突、文化、身份、关心、或环境。整合的目的实际上是解决现在所学课程的分科性与学生将来所面临问题的综合性之间的矛盾。

目前,学科课程整合包括学科内课程整合、学科间课程整合两种涵义。学科内课程的整合是在现行教材的基础上,结合实际教学需要和教学条件,对教材的内容进行筛选、补充和完善,对教材的顺序作出结构性调整,以形成满足学生学习需求和发展的新的知识结构系统。学科课程之间的整合是从整体出发,对不同学科间的共同支撑点进行挖掘、设计与利用,相关学科进行合作备课,对学科间相同内容进行整合,教师合作上课,以提高学生学习积极性、促进各科知识的融会贯通。从学科课程整合的涵义可以看出学科课程整合发生在具体的教师教学设计里，具体的课堂教学实践中，具有很强的现实操作性。

作为课程整合的一种基本形态，学科课程整合具有课程整合的过程性，它需要广大教师在实际的教学实践中不断的探索完善，改革、创新教学形式，并且根据学校环境的具体变化、学生水平的不同而不断地做出调整，以达到教学的最佳效果。

通过查阅相关资料，教师们发现国外关于学科课程整合的模式探索是丰富多样的，而我国关于学科课程整合的模式探索有限。基于此，学校在借鉴国内优秀学科课程整合模式的基础上，加强了对国外学科课程整合模式的学习。在具体实施过程中，主要参考了美国学者 Fogarty 提出的单一学科内的整合、跨学科的整合模式。

在单一学科内的整合，主要有三种形式。第一种是分立式，传统学校课程的分科组织形态，每个科目都是独立而分离的，在典型的分立式课程中，学生每天都会上好几个科目，每个科目各上各的课，各派各的作业，彼此间没有联系；第二种是联结式，各学科教师对教材进行整体性研究，在熟知教材的基础上，结合具体的学情，列出要教的单元、主题或者概念，并在知识点之间建立紧密连接，以提高学习效率；第三种是巢穴式，在这种模式里教师以科目内容作为方法、概念的参照架构，从学科内容中选择一个主题、单元或概念，然后再加入这一课或单元相关的数个其它的概念或技巧作为附加的教学目标，形成一个单一学科内多层面自然连接的巢穴。

在跨学科的整合中，主要存在两种形式。一是序列式，在这种模式中，虽然不同学科教师仍采用独立教学，但是在同一时间段内，不同学科关注的是相似的主题或内容，学生也会系统化地进行整体学习；另一种是共享式，教师会在两个或者几个学科之间按概念、技能、态度，形成统整的主题或单元，再进行集中授课。

三、学科课程的实践探索

（一）学科内课程整合

绿萝路小学以项目任务的方式，组织教师开展相关学科课程的教材编排。在语文学科教学中，教师们致力于对语文课程内容进行整编，在保留人教版语文教材的基础上，融合绘本教程、游戏课程，将语文教材的内容、形式、教学目标进行调整，力求丰富多样、个性化培养学生的表达能力和阅读能力。公民教育课程方面，结合传统文化，尤其是礼仪文化，对公民课程的内容进行细化，以年段为单位制定符合本年段的公民素养目标。体验活动课程方法，以“成长体验百分比”为抓手，开展主题体验活动，进行全校活动展示交流，充分发掘学生的特长和喜好，培养学生亲近生活、热爱生活的意识。结合校本体育课程内容，组织体育教师编写体育教材。

表 4.1　绿萝路小学学科内整合内容一览表

学科	整合内容
语文	低年段绘本阅读、高年段阅读教学
数学	好玩数学
体育	灵动乒乓
音乐	海量歌唱
美术	小逗点动漫

下面，结合具体案例谈谈绿萝路小学在学科内课程整合方面进行的探索：

1. 单元内的整合。单元内的整合是将某一单元要学习的知识，根据学生学习水平和教学的需要，进行重新调整，重新确立单元知识的顺序、教学重点和教学目标。例如，人教版六年级上册第五组单元以“初识鲁迅”为专题编排，共安排了 4 篇课文。其中第一篇课文《少年闰土》是鲁迅自己的作品，其他三篇：《我的伯父鲁迅先生》、《一面》、《有的人》是不同的人从不同角度写鲁迅的文章。这四篇文章使得鲁迅这一人物形象更加真实、丰满、生动。四篇课文都是引导学生感受人物形象,体会含义深刻的句子,学习描写人物的一些基本方法的极好范本。但教师们注意到《我的伯父鲁迅先生》和《一面》都是回忆鲁迅先生的文章。在授课时,教师们将这两篇课文进行了群文类学。

《我的伯父鲁迅先生》和《一面》

《我的伯父鲁迅先生》和《一面》都是回忆鲁迅先生的文章。在《我的伯父鲁迅先生》一文中,侄女周晔通过回忆伯父鲁迅先生给自己留下深刻印象的几件事,说明鲁迅一位和蔼可亲、幽默风趣的长者,是一位爱憎分明的人,是一位为自己想得少、为别人想得多的人。

《一面》讲述了1932年秋天,“我”在上海内山书店见到鲁迅先生一面的事,表现了鲁迅热爱劳动人民和关怀进步青年的高尚品质。

教学目标:

让学生通过对鲁迅的外貌、语言、动作的描写,感受鲁迅形象:他是一位和蔼可亲、幽默风趣的长者,是一位爱憎分明的人,是一个为自己想得少、为别人想得多的人。

让学生继续学习描写人物的方法,如:抓住特点描写人物外貌的写作方法;外貌描写要突出人物性格;可以多角度来写人。

教学流程

第一课时

导入:

上节课,我们学习了《少年闰土》这篇文章,透过这扇窗,我们初步了解到了鲁迅作为一名文学家的成就,他主要通过写人物命运的变化来写出人物所处时代、社会的变化,并且启发人们去思考:为什么会有这么大的变化?鲁迅真不愧是一代大文豪!在他人的眼中,鲁迅又是一个怎样的人呢?今天教师们一起来读一读《我的伯父鲁迅先生》和《一面》这两篇课文吧。

出示自学提示：

生自由朗读（或默读）课文，边读边将文中描写人物外貌、神态、动作的词句作上记号，看看从中你感受到了什么？

生边读边思考，边做笔记，师巡回指导，了解学生学习情况。

交流：鲁迅是一个怎样的人？结合具体的词句来谈一谈。

重点探究《一面》中的外貌描写：

1.《一面》一文中对鲁迅的描写很有独到，作者是抓住哪个字写鲁迅的？请同学们先在文中找出描写鲁迅先生外貌的句子，边读边想：作者是怎么写出鲁迅先生的“瘦”的？作者为什么重点描写鲁迅先生的“瘦”呢？

2. 生边读边思考，边做笔记，师巡回指导，了解学生学习情况。

3. 这些描写鲁迅外貌句子的顺序能颠倒吗？为什么？

设计意图：要让学生明白外貌描写与情节发展紧密结合，和作者的观察视角是有关系的。写外貌描写是为了突出人物的性格。

重点探究《我的伯父鲁迅先生》中的救助车夫这个故事：

爸爸跑到伯父家里，不一会儿，就跟伯父拿了药和纱布出来。他们把那个拉车的扶上车子，一个蹲着，一个半跪着，爸爸拿镊子夹出碎玻璃片，伯父拿硼酸水给他洗干净。他们又给他敷上药，扎好绷带。

动作描写要关注动词，请同学们找出这段中的动词，想一想：从中体会到了什么？

这时候，我清清楚楚地看到，而且现在也清清楚楚地记得，他的脸上不再有那种慈祥的愉快的表情了，突然变得那么冰冷，那么严肃。他没有回答我的话，只把那枯瘦的手按在我的头上，半天没动，最后深深地叹了口气。

看到车夫那双被碎玻璃划破的脚，鲁迅的心情会怎样？他会想些什么？

是啊，想到苦难的中国人，他的心情非常沉重，他深深地叹了一口气，想一想：这口气为谁而叹？你又看到了一个怎样的鲁迅？

4. 你们看到了一个怎样的鲁迅？

总结：在侄女周晔眼里，伯父是一个慈祥、幽默的长者，他疾恶如仇，他关心劳动人民。在青年阿累眼中，他又是那么地慷慨大方，是啊，每个人的视角不一样，所以同学们都看了不一样的鲁迅。

第二课时

在鲁迅的生活当中，帮助青年学生是很经常的事情，无论是创作创作还是生活琐事，他都会尽己所能、鼎立相助，也因此与他们结下了深厚的友情。著名作家萧红曾经就得到过鲁迅无私的帮助，曾写下一篇回忆鲁迅的文章《回忆鲁迅先生》，作者通过女性的细心体察，敏锐捕捉到了鲁迅先生许多有灵性的生活细节，表现出鲁迅超群的智慧，广阔的胸襟和可亲可敬的个性品质。可谓是敬献于鲁迅灵前一个永不凋谢的花圈。同学们读一读《回忆鲁迅先生》，看看在箫红眼里，鲁迅又是怎样的人？为什么他们会呈现不一样的鲁迅？

（望成林）

2. 学段内的整合——低年段绘本阅读教学。学段内整合是指在具体的教学实践中，教师根据学生学情超出某一学期的教学内容，对一学年内的相关重要教学内容进行整合。比如，在小学一年级，学生接触的课文多以“图”、“文”结合为主，是以“图”和“文”共同演绎的内容。于是，低年段语文组就决定对相关教学内容进行整合，利用绘本对儿童进行早期阅读教育，进一步加强对低年段学生的语言能力、观察想象能力、逻辑思维能力、情感道德的培养。

低段的绘本阅读教学

一、绘本的选择

选好并且选对绘本对于绘本阅读教学来说是至关重要的。绘本内容的不同、主体的不同都会给孩子带来不一样的情感体验。教师们可以将不同的绘本作品搜集在一起，推荐孩子阅读。

1. 能激活孩子想象力的绘本

任何人都不是生而就有丰富想象力的，想象力也是通过直接或者是间接的体验获得的。体验越丰富，想象力就越丰富。绘本这样一种阅读形式恰恰是可以跨越国界、穿越各种文化因素、透过文字和图画让孩子进入不同的世界。让孩子们的创造力无限扩大。绘本能够预留给孩子很多想象的空间，可根据绘本的整体意境，对故事情节展开丰富的想象。设计人物的动作语言等。

2. 展现真、善、美世界的阅读

其实孩子们的世界里不缺乏爱，但是却缺乏对爱的体悟。可以用生动形象，喜闻乐见的绘本作品，让孩子接受爱的教育。感受世界的真善美。例如《逃家小兔》中感受母爱的执着和伟大。《冬天里的温妮》让孩子感受四季的美好。《爷爷一定有办法》里，懂得长辈对孩子的关爱。

二、绘本阅读的细节关注

绘本阅读课更多的是关注对图画的理解，甚至包括装帧、排版的关注。每一个细节都值得细细品味。封面、扉页、封底、装帧、排版都有精心的安排。

封面阅读的引导：封面能够引导孩子猜测故事的内容，激发孩子对图书内容的探索。如《小步走路》的封面画有一只低头抬脚走路的小鸭子，一边走一边说“一小步”。这幅封面图能够激发孩子的好奇，他在干什么？为什么要说一小步？教师可趁机引导孩子去猜测故事的梗概，激发他们对文本阅读的强烈兴趣。

扉页：扉页是通往正文故事的一座桥梁，通过它，孩子们会充满想象和好奇跨入故事世界中。例如在《温情的小狮子》这本绘本里面有两个扉页。第一章扉页刻画了数张小狮子嬉戏玩乐的动态图，活泼富有生机，在扉页的第二页，小狮子静坐在草地上可爱的模样映入眼帘，画面一动一静，动静结合！

封底：一本绘本故事读完了，合上书本难道就结束阅读？作者通常会在封底上往往会有着精心的设计与安，让文本内容走得更远。《小步走路》的封底上，三只小鸭一小步、一小步地往前走，小脚印后跟着一串小文字“一小步…一小步…一小步…专心地往前走……”。这样的画面与文字不仅跳出了文本，更是对文本的延伸，教师可以告诉孩子们，在生活中、在学习上，学着小鸭子，不要放弃，只要一小步、一小步专心地往前走，不知不觉就能到达目的地。

三、绘本阅读的组织形式

儿童在通向独立绘本阅读的过程中，教师需要引导他们学会阅读，这会让他们终生受用，其形式主要有以下几种：

引导式：绘本阅读时，要尊重每个孩子在阅读中的体会，不需要把故事一股脑地全盘说出，而是应该让孩子大胆地参与到故事的情节里面，把自己想象成故事的主人公，与他同喜、同乐、同悲，或者鼓励他们参与到编写故事中，续想绘本的结尾。

开放式：首先教学地点可以开放一点：阅读绘本也需要有合适的场所与环境，可以与教师一块儿在教室里或者学校的树荫下、花坛边，可以让孩子无拘无束地席地而坐，营造一种宽松的、积极的阅读氛围，拉近书与孩子的心之间的距离。其次教学人员开放：绘本教学的授课者可以不是固定的一位教师，班级之间不同的教师进行交流教学。第三阅读内容开放：不必都读作家所写，等孩子对绘本有一定了解后，也可以让他们以小组为单位创编绘本故事，到时就可以阅读孩子自己的优秀作品了。

互动式：作为精美的绘图书本，它的价格相对就比较高，让孩子们大量地购买不是很现实，那么，教师可以安排班级里开展“绘本传阅”活动，让同学们用最少的资金阅读到最多的绘本。可以本班级的同学互相传阅，也可以师生之间互相交换和推荐，同时还可以家庭之间互相借阅。

拓展式：结合阅读内容开展拓展延伸活动，孩子们可为父母读故事、讲故事，可以和同学一起演故事、画故事、续编故事，可以在扉页处写前言等多种形式！

四、教学目标的设定

绘本阅读应体现情感、认知及能力等三大维度要求。整体定位是要逐步培养儿童自主阅读和整体综合素质的提高。逐步培养儿童自主阅读的能力。教师在课堂中开展绘本阅读教学，目的不是领着学生读几本书，而在于引发儿童的阅读热情，引领儿童学会阅读方法，最终为独立阅读、终身阅读打下基础。

绘本阅读教学的另一整体目标定位于提高儿童的综合素质，发挥多元教育价值。现有的绘本阅读在一定程度上被等同于故事教育，然而绘本是多元特质的，绘本阅读教学应和儿童的多元智能联系在一起。绘本的教育价值并非是单一的，而是涵盖了多元文化，它可以对幼儿的语言、逻辑数学、视觉空间、肢体动作、音乐、自然观察、人际内省等七大智能进行综合教育，与儿童多元智能教育是相辅相成的，而多元智能教育可以将绘本的教育价值进行最大发挥，是最适合绘本的教育理念。

（田宁馨）

3. 课内外的整合。课内外整合是指以拓展教科书内容的范围为目的的学科整合，所整合的内容与教科书内容相关，但又超出了教科书内容的广度和深度。这种整合形式侧重于在教科书之外，寻找与教科书内容相关、相近的整合点，以补充拓展教科书内容，拓宽学生的知识视野。

例如，在语文的多文本拓展阅读教学实践中，教师们就结合具体课文内容采取了多种多样的整合方式：①结合课文内容整合。比如预习《再见了，亲人》时，让孩子们看《上甘岭》的电影，了解朝鲜战争；课文学完了，再同步阅读《谁是最可爱的人》，感受朝鲜人民和志愿军用鲜血凝成的友谊。②结合文体整合。比如《杨氏之子》是一篇文言文，这种体裁孩子们第一次接触。学完这篇课文后，给孩子们出示《世说新语》中的其他关于言语表达的小故事，再让孩子们感觉文言文这种文体的特点，感受语言的精妙。③向原著整合。如:《童年·冬阳·骆驼队》这篇课文是小说《城南旧事的》的序言，上课这篇课文之后，教师向同学们推荐阅读《城南旧事》，让同学们再次感觉童年生活的美好。④结合课文表达特点整合。如《桥》这篇课文构思新颖别致，设置悬念。教师也向同学们推荐了著名的短篇小说《项链》。

（二）学科间课程整合

学科间课程整合，是对不同学科知识间共同支撑点的逻辑再构和内容整合，以加强各学科之间的联系。目前，在绿萝路小学学科间课程整合方面一般采用学科间并行整合、学科间辅助合作整合两种模式。

1. 学科间并行整合。学科间并行整合是指在进行学科间知识的整合时，进行整合的学科知识出于同等重要的地位，无主次之分。它是以一个主题为中心，围绕主题来选择和组织学科知识内容，这是一种教师们较容易掌握的模式，也是学科间课程整合较为常用的模式之一。

下面以绿萝路小学的语文和音乐两门学科的整合课《鲜花和星星》为例，具体谈谈学科间并行整合的实施步骤。

（1）选取教学内容。学科间的课程整合不仅存在对教材内容的调整、取舍、补充和拓展，还存在着学科间知识的相互照应、补充、配合等等。因此，为了避免围绕主题强行组织内容，打消教师因为学科整合课会出现拉慢学期课程进度等顾虑，学校首先组织教师对教材进行了研读。通过这种全面着眼的阅读，上课的两位教师发现语文课本上有《鲜花和星星》的诗歌内容，音乐课本上有《星光恰恰恰》的教学内容。于是两位教师商讨后决定对这部分内容进行学科间整合。

（2）确立教学目标，寻找共同的价值取向。学科间课程整合设计基本上取自各科教材，对各自学科主旨的分析，重点内容的分析，要切忌为了整合而生搬硬套。认识到这一点，执教教师在分析教学目标时，结合学情，多次调整。语文部分的教学目标由最初的“识字”变为“美美地读”，以期和音乐学科完成共同的价值取向——感悟“美”。

（3）设计信息资源。在统整两门学科相关知识后，为了促使整合课程中学科间无痕融合，教师们还必须寻找一些“润滑剂”。在《鲜花和星星》的整合课程中，语文教学部分，教师们上网查阅了大量关于鲜花的知识、古诗；音乐教学部分，则扩充了相关乐曲伴奏，丰富了各种伴奏形式。为了提升学生学习兴趣，增加他们的参与感，教师们还让他们利用课余时间，制作了自己喜爱的鲜花卡片。

（4）设计教学环节和模式。在课程整合中，对学科进行必要的取舍是必经步骤。所选取的教学内容要能够真正体现主题主旨与教学目标。教学环节设计也要对各学科教材做逻辑上的调整，使其转化为一体。除此之外，在《鲜花和星星》中，教师们还在采用序列式教学模式的基础上结合一年级学生年龄小、需陪伴和关注等特点，进行了相应的模式调整。在同一时间段，两位教师独立上课。但在整个上课过程中，两位教师均在课堂中，并根据课堂内容进行穿插教学。一位教师上课时，另一位教师会陪伴学生上课，并适度参与课堂活动。

（5）设计学习效果的检测和评价。学科间的整合都是涉及具体知识点的整合，在具体实施过程中，教师们会看到有的只关注了课堂的整合，而忽视了学习效果评价中整合观点的渗透。这样就会给学生造成一种误区：整合课程只是把不同学科内容放在一起上。学生在实践中并没有形成综合运用知识的概念。基于此，教师们在课后给学生安排了开放性作业，鼓励学生借助现代信息技术，运用“为你读诗”APP，自主选择配乐和朗诵内容，“美美地”完成诗歌朗诵。在此过程中，不仅可以检测学生朗读情况，更可以提升学生的音乐赏析能力，进一步促进他们在语文、音乐学科融合中提升自身感悟“美”的能力。

2. 学科间辅助合作整合。在学科间辅助合作整合模式中，通常是以一门学科为主，在教学过程中再将其他学科的相关知识借用、渗透到主学科中，达到为主学科服务的目的。这种学科间整合模式的出现，是绿萝路小学一年级实行的“双班主任制”和“包班教学制”两种创新教学模式的具体产物。

长期以来，教师们观察发现一年级的学生虽然经历了学前到小学的跨越，但他们的身心发展并没有明显的分界点。幼小衔接的不畅，很容易导致学生对小学生活产生不适甚至抵触，进而对学生的终身成长造成不良影响。为了解决一年级新生适应慢等问题，帮助学生顺利度过幼小衔接期，绿萝路小学从 2017 年 9 月起试行双班主任制，帮助学生缩短幼小衔接期，尝试全学科教学。

在此背景下，一年级的教师大胆尝试学科间辅助合作教学，利用一人多学科教学的优势，实行知识、教学方式等整合。例如：担任语文、美术两门学科的赵小希教师就在实际授课中将美术课程中的“撕纸”与语文中的“看图说话”整合，确定教学目标为扩展学生思维，丰富学生想象力。在课堂中，学生展示自己的撕纸作品，教师采用随机点名的方式请学生完成故事创作。

赵老师：“森林里”，
（撕纸为兔子的）学生：“一只兔子在玩耍”，
赵老师：“这时”，
（撕纸为太阳的）学生：“它看见了天上的太阳”，
赵老师：“太阳说”，
（撕纸为太阳的）学生：“我们一起玩吧！”
（撕纸为兔子的）学生：“我才不和你玩呢，你的脸都没洗干净！”

其实撕纸作品上的彩色圆点是孩子画上去的太阳光，但孩子将它和不讲卫生联系了起来。通过这样的形式，学生既在美术撕纸创作中锻炼了思维,又在故事创作中丰富了自己的想象力。可以说,本次课的教学目标达到了非常好的效果。

教师们相信,学科课程整合的建构绝非一日之功,它需要在不断的实践、反思、再实践、再反思的过程得到完善。教师们以严谨治学的态度、以细水长流的姿态深入开展学科课程整合,坚守文化本位下的核心素养的培养,致力于培养有民族魂魄的现代儿童。

第三节 主题课程的开发

主题课程又称"核心课程",是指围绕生活中的某个主题设计的课程,即以儿童生活中的主题为核心设计的课程。围绕一个主题,一般来说要有两个或以上学科教师共同参与设计与实施,由学校统筹不同学科教师共同参与研讨,达成概念共识,借助学科之间不同的技能操作或者不同的课型组织形式,发挥每个学科的优势与特点,合作完成这一主题的横向联系与知识上的纵深理解。

在绿萝路小学,这类课程是学生自主完成。课程的主题确定、制定方案,活动实施、活动总结,均是基于学生真实生活的实践探究性学习。学生在多向协同中获得发展,解决问题和动手实践能力、创新能力得到进一步提升。主题课程教学整合多方课程资源的特点和方法,不仅有助于学校整体课程设计、学校在课程实施以及特色课程设置中凸显教育的个性化,更有助于教师们在教学活动中尊重学生的主体地位,激发学生的主观能动性。

一、探索步骤,规范程序

主题课程的实施是为了帮助学生建立完整的、系统的知识体系,促进学生主体性和个人价值的实现。在确定主题后,为防止实施过程中,各学科直接各自为阵,无法将各种教学因素优化形成一种合逻辑、合理论的结构过程,整个课程碎片化、杂乱无章,学生课后学无所得。学校管理部门责任到人、统筹策划。从方案到开发课程标准，编教材到培训教师，课程发展中心是第一负责方。在课程发展中心的组织下，学校教师多次进行研讨，最终确立主题课程实施的三个准备步骤。

这三个步骤主要是针对学校层面的主题课程整体设计规划而言。学校主题课程开发的整体方案，可以规范学校整体的主题课程开展和实施，使主题课程更好地彰显学校的办学特色、教育理念等特征，避免主题课程出现班级化或者片面化。

具体来说：第一步是课程发展中心根据国家、地方课程标准，结合学校自身实际情况，总结以往主题课程实施得失，确定本次主题课程的主题取向和主题目标，安排本次课程的学习对象、学习时间等。第二步是以年级组长为负责人，各班主任为成员的主题课程方案小组依据绿萝路小学主题课程整体设计，本年级教师的专长及学生的身心发展规律、年龄特点等，制定出可行的主题课程方案，确立适合本年级的具体主题。第三步是各任课老师在各年级的主题课程方案小组的组织下，对所教学科中与主题课程相关的教学内容进行汇总，与家长代表、学生代表共同讨论后对教学内容进行筛选、补充和组合，最终形成与主题课程相适应的教学设计方案及评价方式。

例如：在2017年春季学期的主题课程开展前，绿萝路小学课程发展中心就多次召开会议，集思广益，确定中年段以科学探究为主题取向。随后，三年级主题课程方案小组结合本年级的教材内容及学生学习能力、年龄特征等实际情况，将“神奇的电”确立为该年级的课程主题。各任课教师重新对教学内容筛选，选取与主题课程相关的内容进行二次整合、排序，设计出详细的课程实施方案及本次主题课程的目标，即让学生了解电的产生和运用，学会如何安全用电，养成节约用电的好习惯。“神奇的电”主题课程的实施具体分为三个板块：认识电、生活中的电、安全用电与节电。其中“认识电”包含“亲子共读”“电的畅想”等几个小板块，涉及到语文学科；“生活中的电”分为“让灯泡亮起来”“让小花摇起来”等物理小实验，与自然科学息息相关；“我家的电表度数”生活小调查等板块，则需要运用到数学的相关知识;最后一个板块中的“安全小报”、“安全用电漫画”、“节电标识”和“安全用电歌”,又需要用到音乐、美术、英语等学科的知识。教师们的检测也不再聚焦于一次的考试或者习作,在整个过程中,学生调查的家庭电表度数、绘制的安全小报、创作的安全用电歌等参与成果,都是动态评价中的一部分。

二、依据标准,选择主题

主题是什么?由谁确定?是进行主题课程要解决的首要问题。通常的情况下,课堂上的教学内容都是由教材、教师决定。虽然教师具有一定的理论基础、知识储备,并对学生的学习能力有一定的了解,他们可以有效的组织、协调各科的教学实践。但如果主题由学习者自己确定,在学习过程中他们则会表现出极高的学习热情,达到事半功倍的学习效果。

在主题的选择过程中,绿萝路小学采用了学生和家长提案、教师审核的模式。在前期筹备阶段,学校前置性地做好各方面调研工作,对学生、家长采取访谈、问卷等方式告知该次主题课程的主题取向,如亲近自然、走进社会等,进行意见收集,了解他们对课程的需求。学校将学生、家长的意见汇总后告知各年级组主题课程方案小组。小组成员及相关教师共同商讨,依据绿萝路小学主题课程立项标准确立课程的具体主题和核心内容。

表 4.2　绿萝路小学主题课程立项标准

符合学生年龄特征及心理认知规律	符合相应阶段的课程标准
与学生的日常生活息息相关	具备进行学习的相关资源
有助于学生开展探究性学习	有助于激发学生的创新性思维

例如:在 2017 年秋季学期的主题课程实施时,学校确立低年段的学生以亲近自然为主题取向。在前期的意见征求单中,二年级中有的孩子想去橘园摘一摘橘子,有的孩子对植物园的植物特别感兴趣,还有的孩子对“雨的形成”充满了好奇。此阶段的孩子有着强烈的求知欲,“亲近自然”的主

题取向更是激发了他们的兴趣。这三个深受孩子们欢迎的主题，该如何选择才能让孩子们真正做到玩中学，学中玩，学有所获？

二年级组的教师们对照主题课程立项标准，严谨地分析了各个主题的利与弊、实用性、可用资源以及是否符合二年级学生的心理认知规律。处于二年级上学期的学生，虽然和一年级相比较，动手能力、理解能力、思考能力有所提高，但是他们的逻辑能力、信息分析能力、归纳总结能力还不能很好地完成对多种植物进行多对象、多角度的探究，对自然现象进行原理分析和信息拓展。考虑到主题课程实施时正值柑橘丰收的季节，教师们认为作为一名宜昌人，有必要让学生了解家乡的特产，从一个小小的柑橘开始，培养学生知家乡、爱家乡的感情。于是，二年级组确定“夷陵柑橘”为最终主题。

图 4.2　绿萝路小学“夷陵柑橘”主题课程设计图

又如：在 2018 年春季学期，绿萝路小学确定以夏季为主题取向。四年级的教师们经过调研发现随着生活水平的提高，家长们对于学生的饮食要求几乎是有求必应，但孩子们却格外偏爱鸡腿等肉食，不太愿意尝试蔬菜、豆腐之类的“素食”，挑食现象十分严重。鉴于学生中普遍存在的不良饮食习惯，四年级主题课程方案小组决定该次的课程就以“夏季蔬菜”为主题，旨在通过这次活动让学生更全面地、深入地了解蔬菜，通过研究使学生喜欢蔬菜，意识到蔬菜在人们饮食中的重要性，逐渐形成不挑食、爱吃蔬菜的良好饮食习惯。由于四年级的学生通过前期的学习已经积累了一定的调查方法，该课题又是学生身边很熟悉的事物，在具体实施时学生的积极性、兴趣一下子就激发起来了，研究时格外投入，课程进行的十分顺利。

图 4.3　绿萝路小学“夏季蔬菜”主题课程设计图

三、多项整合，提供保障

主题课程是一种综合性较强的课程，它需要教师有丰富的课程资源作为教学支撑。因此，绿萝路小学在课程资源的开发上深入研究，从校内和校外两个角度，多处着手，为课程的开展提供了系统支持。

（一）校内资源

1. 重构课程内容。以“桥韵古今”主题课程为例，学校教师围绕该主题的四大板块“初识桥”、“走进桥”、“制作桥”及“分享桥”，重新梳理语文、数学、英语、音乐、美术等课程中的内容，结合科教版科学六年级上册桥的形状和结构对内容进行二度删减、合并、补充，形成了与主题课程目标相适应的课程内容。新的课程内容体系，既节省了课时，又使得原来割裂的教学知识在学生头脑中形成了完整的知识体系，同时也使教学活动更适合学生的学习需求，更有利于促进学生的发展。

2. 利用校内现有教学资源,形成课程资源包。校内现有教学资源是主题课程整合立足和开展的基本资源,也是最便利的资源。在“神奇的电”主题课程中,上课教师充分利用资源,为学生学习创设了良好环境。如运用“月芽阅读”APP,利用线上丰富图书资源,阅读《神奇的电宝宝》、《德国少年儿童百科知识全书:什么是电》、《儿童安全用电漫画读本》等书籍,加深学生对电的了解;播放《节约用电》视频课程,围绕具体生活情境,开展节约用电好习惯的培养。

(二) 校外资源

校外课程资源作为校内课程资源的一种有力补充,是主题课程教学不可缺少的资源。绿萝路小学主要利用了社会中有利于教育教学的社会资源、自然资源以及与学生密切相关的家庭和周围环境。

1. 依托社会资源,助力自主探究。宜昌在 2015 年迎来了 BRT 快速公交的试运行,开创了宜昌绿色出行的新时代。BRT 是一种介于快速轨道交通与常规公交之间的新型公共客运系统。而宜昌 BRT 不仅是国内中心城区单条线路最长、站距最短、站位最多、施工难度最大的 BRT 项目,还荣获了“2016 年世界可持续交通奖”。在 2017 年秋季的“智慧 BRT”主题课程中,教师鼓励学生走入实际生活,充分利用家乡的资源优势,去自主了解 BRT 的由来、构造和性能,感受现代科学技术的奇妙和强大。

2. 借力大学资源,拓展课程深度。作为三峡大学附属小学,长期以来大学丰富的科教资源、文化资源为绿萝路小学的发展提供了大量的理论指导和专业支持。在主题课程实施过程中,绿萝路小学也和三峡大学进行了深入合作。大学教师积极参与课程建设,以其专业素养有效地开阔了绿萝路小学师生的视野,深入挖掘了课程内涵。例如:在“神奇的电”中,电与学生的日常生活息息相关,但对于“电是怎么来的?”“有哪些发电方式?”等问题,学生们却一知半解。因此学校请来了三峡大学工程处的教师为学生做了一个系统的讲解,三峡大学的教师对学生的问题一一做了解答,还带来了相关设备进行了现场演示。

3. 发挥家长资源,实现家校共育。如果家长不参与到主题课程整合的过程中,就难于理解主题课程整合的真正内涵与目的;如果主题课程整合得不到家长的支持,学校的教学活动将失去长期的支持者与动力;如果家长和教师不能有效整合形成支持系统,主题课程整合将寸步难行。考虑到学校教学生活的安全性以及家长工作忙等实际因素,学校难以让所有家长参与到课堂教学活动中来。于是,教师们在主题课程的环节设计上,用心为家长的参与、互动"留白",以保障家长的参与"触手可及"。例如:在一年级"走进菜园"的主题课程中,学校请爸爸妈妈们买来了玉米、辣椒等饰品挂在了教室里为孩子们创设一个良好的主题情境;让孩子们和爸爸妈妈一起去菜场买菜,记下买菜的账单,在爸爸妈妈的帮助下培养他们的理财意识。在此过程中,家长切实感受到主题课程带给孩子们的综合性发展,减少了课程实施的阻力,提高了课程改革在家长心目中的信服力。

四、宏观统筹,激活机制

1. 分析师资,优化分配。术业有专攻,不同的教师具备不同的专业素养以及特长优势。如果机械分配,只会造成资源浪费,难以实现资源最优化。在实施主题课程整合时,师资的分配与协调问题一直是困扰学校领导的重大难题。为解决这一问题,绿萝路小学经过深度研究决定实行师资统筹。首先在教师发展中心的组织下,将全校教师的专业特长和兴趣进行收集和分类整理,制成教师资源表;然后在具体课程实施中,采取主动报名、学校优化分派的形式,充分发挥学校每位教师的自身优势,合理安排教学岗位,承担课程整合教学任务。

2. 课时调整,保障课程连续性。在最初实施主题课程时,教师们按照既定主题课程进行教学,但教师们注意到课时安排成为了难题:①现行课时无法保证连续性、完整性的主题课程教学。在常规教学中,一节课的课时安排一般为 40 分钟。但在主题课程中,这样的课时安排往往是课程才刚刚进入，学生的学习积极性才被激发，下课铃就打断了课程的推进。例如：在“走进菜园”主题课程中，教师们让孩子们带来了蔬菜种子，孩子自己往花盆中装入土壤、播种、浇水，打造属于自己的“小菜园”，但一年级的孩子们受到年龄的限制，行动较为缓慢。一节课过去了，孩子们还停留在装土的步骤，根本无法在规定的时间内完成既定的教学内容。②主题课程的后续效果，对基础学科的教学完成造成影响。有部分教师反映：若前一节课是主题课程，后一节课的教师则需要更多的时间进行本堂课的导入；若是主题课程涉及到实践性活动，如户外探究、动手制作等，学生在下节中学习注意力会明显降低，学习效果会大打折扣。

边行边思考，学校领导注意到此问题后，及时对课程安排进行了调整，整合课时，采取了“课时联排”的方法。具体做法是将语文、数学、英语、美术、体育、音乐等学科安排在上午授课，主题课程则集中在每周四下午进行。这样就有力地保障了主题课程的教学连续性和完整性，使师生因主题课程激发的热情可以持续升温，以达到教学预想。

五、多元评价，渗透整合

评价是有效检测课程开展效度必不可少的因素之一。但部分主题课程在检测中不可避免又回归到知识的掌握上。学生在课程中掌握知识只应该是课程目标之一而不该是唯一。主题课程的评价应该是对课程实施的效果、目标的达成情况和学生发展情况等做一个全面的评判，旨在以学生知识、情感和态度的获得与发展为主，注重解决问题和动手实践能力、创新思维的培养。评价不应以单一模式判断学生的表现，要为学生提供多样化展示途径，关注个性差异，注重定量与定性的结合、静态和动态的统一以及师评、互评和自评的相互补充。

例如：在四年级的“夏季蔬菜”主题课程实施中，每个学生都有两份表格，一份为教师对其的评价表，另一份表上则包括了自我评价和同学评价。两份表互相补充，从多个角度对学生在学习过程的状况，如运用查阅书籍、上网、调查、咨询等手段获取信息的能力，观察、实践、记录、总结、写调查方案、汇报材料的能力，团队合作、创新学习、学会探究的能力等，进行了全方位的考量，并且表格的记录贯穿整个课程，实时填写，对学生的点滴进步给予鼓励式评价。

在最后的汇报课上，前期自由组成的合作小组可以采用了各种形式来交流自己的研究情况及所得所感。蔬菜外形组的市场调查员展示并介绍了自己在超市、菜场拍到的蔬菜照片，小组成员现场为同学制作蔬菜名片，还有的学生表演了自己创作的快板《说蔬菜》。营养组在介绍了各种蔬菜营养成分表的前提下，利用现代信息技术播放了关于如何科学食用蔬菜的录像，并利用所学知识为不同年龄、身材、体质的人设计了营养食谱。蔬菜种植组不仅展示了西红柿的种植流程图（撒种—移苗—浇水—搭棚—点花—剪头—收获），还开发出蔬菜制作的趣味装饰品，从不同的思维角度向大家展示了蔬菜的美。

表 4.4　绿萝路小学“夏季蔬菜”主题课程——我的体验卡

名字：	我的研究：			
我的探究足迹	日期	我遇到的难题	我难忘的事	我自豪的事
自我评价				
同学眼中的我				

表 4.5　绿萝路小学“夏季蔬菜”主题课程——学生评价表

对自己选择的活动主题一直感兴趣。	是(　)否(　)
积极与他人团结协作,共同研究。	是(　)否(　)
善于思考,能发现并解决活动中的问题。	是(　)否(　)
能通过多种渠道获取信息。	是(　)否(　)
获取的信息是否多样。	是(　)否(　)
能主动收集有关资料,及时整理、归类、存放。	是(　)否(　)
是否能经常与老师沟通。	是(　)否(　)
活动成果是否达到预定的目标。	是(　)否(　)
汇报方式形式多样且新颖。	是(　)否(　)

图 4.3　学生拍摄的蔬菜生长照片

又如:在“神奇的电”主题课程中,老师们采用了以下模式让学生自由交流课程收获:①利用文字畅谈课程心得,②绘制关于用电常识的思维导图,③制作英语节能标志或者节能小报,④创编安全用电之歌。

图 4.4　学生制作的节能小报

图 4.5　学生创编安全用电之歌

主题课程的实践，注定是一次艰难而又充满惊喜的探索。它不应该是漂浮于生活的短暂性过程，应是根植于生活的动态探究性教学活动。如今，绿萝路小学已经从个别年级实验性尝试、一至六年级全体参与走向了精品主题课程的打造。未来，教师们仍将在“追寻梦想，绽放生命”教育理想的追寻中，让主题课程在绿萝路小学绽放出独特的生命之光。

第五章　本真的生活德育

一所学校无论是学校管理、校园文化还是课程实施，都指向为学生提供成长发展所需的生命场，而德育是生命场里的重要环节，它是心灵的塑造、行为的养成、品格的培育、道德的积淀。德育不应是封闭和固化的，而应该从生硬的说教中走出来，关注学生的现实生活和内心世界，引导教育与生活自然发生，突出“活动”与“渗透”，强调“实践”与“体验”，使学生在生活中自然习得、自我提高、自主成长，进而形成完整的人格，更好地适应社会，有意义地生活。

第一节　生活德育的缘起

学生品德的形成源于他们对生活的体验、认知和感悟，只有源于学生真实生活的教育活动才能引发他们心底的道德体验，激荡内心的道德情感。因此，学校要整合德育资源，开展贴近生活的实践活动，增强学生的主体意识，发展学生的生命潜能，最终让学生形成稳定的道德意志。

一、育人目标指向下的生活德育

德育应当以育人为本。立足儿童立场，关注生命个体、生命需求、学生人格发展，让每个人都有出彩的机会，是绿萝路小学生活德育的出发点。学校在对生活德育的理解上，立足现状、找准起点，把“自然的生态，自由地生长”作为德育的总目标，培植“乐观、向上、自信、坚强”的绿萝精神，引领每一位“绿宝”坚韧不拔，茁壮成长，在自我教育、自我管理、自我成长中锻炼实践能力，塑造健康人格，成为更好的自己。在此指引下，生活德育的实施遵循儿童的生长节律，提炼出不同年段的育人目标。

1. “爱自然”塑造“纯真、向善”

低年段学生与自然对话。对自然的亲近感,是人的天性,尤其是一、二年级学生,认知发展处于前运算阶段,倾向于通过直接的方式学习经验,而大自然是最好的教育素材。学生在与大自然的接触和认知中,形成纯真、向善的基本品格。例如,一年级主题课程以“亲近自然”为主题,开设“走进春天”、“我眼中的秋天”等主题内容。秋天,学生在青青园里捡果实、树叶,语文课上写秋天,数学课上树叶比大小、量周长,美术课上制作剪贴画,音乐课上唱跳《雁群飞》……最后,学校还专门为一年级学生举办了一场秋天的宴会——秋天主题展,学生的摄影、绘画、创意手工作品在展览中展出,全校师生一起欣赏秋天的美景,体验大自然的神奇和美妙。到了二年级,开设“一园蔬菜成了精”主题课程,动手种蔬菜,写观察日记,了解植物的生长规律,体验自然生命的意义。除校本课程之外,学生还在暑假实践中开启“多彩假日游”活动,与爸爸妈妈一起游历自然景观,用照片、文字等方式记录祖国的大好河山,进而激发学生对祖国的热爱之情。

2. “有责任”促进“自律、担当”

中年段学生与自己对话。皮亚杰把儿童道德发展分为三个阶段,其中8—10岁为自律道德阶段。学生从低年级的“服从成人权威”转向了“平等”,随着学生逐步适应小学生活,社会经验的增加,心智的逐渐成长,自我意识开始觉醒,品德从他律开始进入自律阶段,初步形成担当意识。在这个阶段,通过家长、教师的引导,同伴合作来促进责任意识,形成自律、担当的基本品格。例如,学校开展“我的作业我签字”、“我的书包我收拾”、“我的岗位我管理”等系列活动,从一点一滴的小事中去形成自觉意识,提升自己的责任感,并把责任转化到日常行动中去。

3. “懂感恩”培养“感恩、责任”

高年段学生与社会对话。五六年级的学生初步形成社会意识、公民意识,要学习做人,关爱他人,懂得努力和感恩。学校主要以“母亲节”、“父亲节”、“教师节”、“重阳节”等节日为契机,培养学生的感恩意识,并逐步延伸感恩范畴，引导学生不仅感恩亲人，还要感恩社会，具有同理心。学生通过编排课本剧，浸润式角色互换，体会他人的不易，培养学生尊重他人、尊重自己的好品格，提高责任意识，学会感恩。

当然，“爱自然”、“有责任”、“懂感恩”的培养并不只是一个年级或者一个年段的事情，也不是某个时间段的强化或突击训练，三者是互相作用、螺旋上升的关系。以“懂感恩”为例，这不止是高年级学生才具备的品德，我们在低年级也开展感恩教育，在每年的重阳节里，老师会布置一项特殊的作业——给家里的老人做一件力所能及的事情，学生们在实际行动之中，感受爱、理解爱、传递爱。

意识的激发、品德的形成需要活动、需要模仿、需要对比、需要潜移默化，更需要坚持，绿萝路小学在延续德育活动的基础之上，不断推陈出新，丰富活动手段，拓宽活动内容，指向生活德育的活动目标，带领儿童回归真实生活，着眼未来成长，引导他们追求更高的生活价值，并以健康文明的方式迎接新生活。

二、顶层设计引领下的生活德育

基于当前学校亟需解决的问题，绿萝路小学德育工作者重新思考与定位，提出了回归生活的德育。经过多番提炼与修订，学校生活德育顶层设计应运而生。

（一）德育组织机构的变革

学校自上而下，从组织机构的变革着手，一改以往的政教处科室，而是设立由一名教学副校长领导的课程研发中心，下设学生处和课程处两个科室，将德育工作和学科课程相融合，在教育教学中渗透德育。学生处具体负责学校德育计划的执行与监督、日常德育事务的处理、正常德育工作的调度和管理工作丰富班主任的岗位设置；课程处具体负责德育课程安排，将长在宜昌、垃圾分类、生态小公民等地方课程融入课程体系，使得德育工作达到可视化、扁平化管理。在班级，学校实行 AB 班主任责任制，打破了“只教书不育人”的窘境，形成全员育人的氛围，通过多角度的班级管理，多视野的评价方向，让学生的行为习惯有据可依，评价更为客观与多元。例如，在一年级，学校实行包班教学，两名包班教师共担育人职责，共建班级文化，让学生顺利完成幼小衔接过渡。

除此之外，学校以家庭教育为基础，发挥优势，拓宽德育活动的实践空间，成立家长委员会，明确其责任和权利。通过家长会、教学开放周、家访、微校平台满意度测评等形式，加强学生、教师、家长之间多向沟通，让家长参与到学校教育工作中，为学校教育出谋划策，共同担负起教育学生的义务。

（二）育人环境的营造

绿萝路小学营造自然的生态环境氛围，由书本德育、说教德育向生活德育转变，，以道德任务替代片面的道德说教，将学生以主体的姿态置于特定的时空场景中，还原真实的道德生活促进学生良好的品格的养成和正确世界观、人生观、价值观的形成。

学校组织学生直接参与学校生活、社会生活，让学生在感受、体验、感悟中进行道德实践，呈现现在的生活——即对于儿童来说是真实而生机勃勃的生活，像他在家庭里、邻里间、运动场上所经历的生活那样。例如习惯的培养，我们一直坚持“习得”过程。校园里的九九八十一个好习惯，镌刻在一本一本的石书上，每一页里有一个好习惯，石书放在学生每天上下学的必经之地，于无形之中提醒着学生养成卫生、文明、阅读、运动等好习惯。学生通过自主参与，发挥道德学习的主人翁地位，在道德生活中通过同伴交往、师生合作、父母教养、社区互动和社会实践等途径，做出正确的道德判断与行为选择，主动构建自身的道德体系，完善道德行为。

（三）育人途径的多元

学校践行“人人是德育工作者、处处是德育阵地、事事是德育契机”的宗旨,关注每一个生命、尊重每一个生命的教育,建立多渠道、多维度的网格式育人途径。一是以国家德育课程为中心,搭建校本德育课程平台。将富有学校自身特色、有亮点的德育实践活动进行梳理、改造、开发,从课程设计的高度,整体规划学校的德育实践活动,为学生的道德发展提供更适切、充分、有效的辅导。例如,开发“红领巾课程”,即针对低年级学生开发的习惯课程,包括礼貌、做人、卫生、饮食、阅读、安全、运动、劳动、学习等9大类好习惯,为养成良好习惯提供了学习范本和具体要求;二是加强学校、家庭、社会的联系,将三者对学生品德的影响因素进行有机结合,在德育工作上树立目标一致、理念趋同、管理协调、过程互动、内容互补、资源共享的完整德育机制,形成和巩固三位一体的“大德育”联合互动格局。例如,兴办“家长学校”,每周三家长齐聚一堂,专家指导育儿困扰,还组织家长共读一本书,共探育儿方法,共享育儿智慧;家长义工进校园,鼓励家长正面引导学生的不文明行为,形成“5+2≥7”的德育新格局。

第二节 生活德育的实践

在生活德育的指引下,绿萝路小学顺势而导,注重生活中德育资源的开发和利用,通过生活实践实行养成教育,将道德教育深深扎根于儿童生活的土壤,让德育与受教育者个体的日常生活、学习生活、交往生活、集体生活等紧密相连,展开积极正面的启迪和引导,帮助学生认识自己,认识他人、认识社会,以提升学生的人生境界。

一、生活德育的学校表达

在生活德育的引领下,我们本着关怀人的幸福,解放人的心灵,使每一位学生活动自主、和谐、全面而有个性的发展,结合学校文化,给予学生生命幸福、美美与共的生活德育家园,使学生们体会到生活的诗意、嗅到生命的气息,散发出鲜活的力量,生命得以自由地舒展。

(一) 构建生活德育生态场

卢梭在《爱弥儿》中写道:“大自然希望儿童在成人以前要像儿童的样子,如果打乱了这个次序,我们就会造成一些早熟的果实,它们既不丰满,也不甜美”。而传统教学中,学生对德育的态度是“只听不动”、“只说不做”、“只在课堂上学,不到实践中做”,要想改变这种局面,就需要构建生活情境,渗透德育教育,引导学生参与到实践中来。

在绿萝路小学,“生活德育”不是标签,更不是高高在上的理论,而是实实在在的一个仪式、一个社团、一个岗位、一次活动、一节课堂,或者某一个让人感动的瞬间。

1. 美化育人空间

在校园中,大到墙壁、楼道、地面、教室建设,小到物品摆放,建立润物无声的自然育人空间。例如,我们用海选征集的方式遴选学校的特色文化标识——校徽和校园吉祥物;教学楼里“排队日”和“未来学校”的主题长廊,作品都由学生自己设计和创作;彰显品格教育的“九九八十一个好习惯”与“最美队礼”时刻引导着学生的言行举止;鼓励学生多样发展的“绿萝迷”文化墙上,张贴着他们的丰富多彩的课外生活;还有鼓励学生拾金不昧的“友善墙”、散发着正能量的“笑脸墙”……为学生树立可亲、可爱的文化空间,引导、激励、感染学生,使之具有持久的导向作用,强烈的共情作用。

2. 优化德育育人网络

学校整合育人资源,优化德育网络,形成从学校—家庭—社会,到班级—个人—社区“三纵三横”的育人网络,从小切口入手,从小事做起,实现行为品德的最优化。例如,把办公桌搬进教室,更真实、全面地了解学生,多角度地观察、理解学生,教师可以更直接的发挥言传身教的作用,以自己良好的品行去影响学生;开展“小手拉大手,文明一起走”活动,绿宝宣讲团走进自己的小区,与居民探讨生态环保、文明过马路等话题;在家庭中,我们倡导“亲子共读”,家长和学生一起“禁止高空抛物”、“交通信号灯”等规章制度，做学法、尊法、守法的好公民。

3. 关注学生内心诉求

每周三的“倾听日”，走进学生的内心世界。教师主动与学生平等对话，师生建立平等、自由、关心、鼓励、帮助、协作的关系，学生将更顺利获得个人道德发展。在对话中，教师不仅只是解惑者，本身也受益，师生相互影响，德行得以共同提高。例如，学校举办“十元钱·千分爱”活动，教师关注学生，关爱学生，用不超过十元钱的费用去完成一项有爱心、有意义的活动，“给父母在外打工的学生买一块生日蛋糕、带学生去看一次儿童剧、将学生自己的绘画作品裱装起来，挂在教室文化墙上……”学生在被关注和被爱中学会如何去爱和关心他人。

（二）根植生活德育观念

从情境育人设计之初，绿萝路小学就是站在儿童的视角，整合学校育人途径，扩大德育的实践场域，丰富德育课程内涵，旨在体现“处处有生活，处处皆德育”，以少先队活动阵地、学科德育、节日课程、社会实践多方面形成合力，为学生的德育品行提供有力的生长点，使内容能够相互照应、相互联系、相互促进，达成对儿童春风细雨、润物无声的滋养，获得育人价值的共生。

生活德育情境存在于学生有滋有味的生活之中，它更多地关涉个体所处的文化的、精神的、心理的、内在的、主体的体验、氛围和人际行动。在适当的情境中，受教育者坦诚自己的心灵，接受教育；通过情境的创设，既包含主体能动性发挥的空间，又能显示教育者的眼界、见识、胸臆和襟怀，由教育者的信念、态度、期望和行为投射而成的，蕴涵着他的价值追求、意愿、旨趣和个体所特有的方式，因而更直接、更深厚地蕴涵着德育的真义，让受教育者感受到情境暗示的强烈作用，引发“亲自实践”的真实体验。

1. 规则与自由

玛丽亚·蒙台梭利说：“自由与规则是内在紧密相连接的。没有规则，谈不上自由，没有自由，规则也无法实现”。自由允许我们释放自己的本性，表达个体的自我。规则则可以确保我们在考虑到他人及其权利的基础上，练习使用我们的自由。一个健康的社会，无论是学校教育、家庭教育，还是社会教育，都必须引导学生树立规则与自由意识，其根本特点是遵循学生的主动性，培养学生的自控力。

儿童的发展需要自由。首先，儿童只有在一个自由的氛围里才能展现真实的自我和真实需求。其次，自由乃生命的自然法则，儿童内在的发展一定遵循自然的规律。

儿童的发展也需要规则。规则对于儿童具有重要，它既保证了儿童的自由，和尊严，建立了儿童的内在秩序，排除了暴力和权利，为儿童建构了安全的成长空间，也使儿童了解自己的内在和外在世界，保障儿童成为自己的主人，成为完整的人。

规则和自由如同硬币的两面，是不可分割的。自由是选择最适合自己发展的事物的能力；规则和纪律是实施这种选择的能力。在绿萝路小学，自由是有限制的，这个限制就是规则。学校的“自由”可以理解为：为孩子提供自然、安全的外部环境和心理环境，让学生放松地活动。学校的“规则”可理解为纪律，它不是服从于某个人，而是服从人类优化发展的自然定律，服从自己内心建立起来的秩序，即自律。在绿萝路小学，我们将德育工作的具体目标要求细化到学生的日常生活中，以此来培养学生的良好行为习惯，注重以学生身边的事例、用学生的真实感情来感染、教育学生。例如，根据学生实际存在的问题制定《绿小行为小法宝》，从“一套穿着”（穿校服佩戴红领巾）“两个随手”（随手关灯、随手关闭水笼头）“三个不”（不乱丢乱扔、不乱涂乱画、不追逐打闹）“四个轻”（说话轻、走路轻、关门轻、取放物品轻）四个方面从小处着眼，规范学生行为。又如，学校创办“绿萝银行”品行存折，将学生的品德和行为，用银行的模式进行规范，既为学生储蓄好习惯，又让学生学会合理理财，让学生的自我教育，自我管理成为一种自然的生态，追求自我的成长与发展。

文明排队日

“秩序与自由”的矛盾与统一是亟待解决的一个重要问题。为了统一认识，学生处召开了班主任研讨会，会上别具匠心地设计了“必答题”、“选答题”、“抢答题”三个环节，班主任们纷纷发表自己的见解，气氛活跃，讨论热烈。最后，大家普遍认同了“蒙特梭利”的三个观点：一自由是儿童生命的法则，是人类与生俱来的权利。二自由就是灵活性，孩子的自由应该被限制在集体利益之内。三孩子们在集体之中生活，尊重尤为重要。有了对“规范与秩序”的高度认识，学生处的“排队与礼让”活动有了推广的根基。我们的《排队日评价方案》正是把握了这些要素，所以收到了深入人心的效果。“有秩序的班级”、“最有秩序的班级”、“排队小标兵”等一周一评选，一周一表彰，活动不断促进与深化，收到了较好的效果。孩子们捧着奖状，一遍遍地读着颁奖词，不断地回味，不断地欣赏，每读一遍，“排队与礼让”就在心里开一次花，那样芬芳与迷人……

每个月 11 日为“文明排队日”

2. 爱与悦纳

美国著名儿童精神科医师 James Comer 说过:“没有强有力的联系,学生学习就不会有显著的进步”。爱与悦纳正是建立师生之间有力联系的强力胶,关注每一位学生的发展,欣赏学生、尊重学生、包容学生。不仅要悦纳自己,正确评价自己,不断完善自己,还要悦纳他人,懂得尊重、接纳不同,学会发现、肯定和欣赏他人的优点。

在绿萝路小学,我们经常倡导老师给孩子一个真诚的拥抱、赞赏的眼神或者鼓励的手势,学生在愉悦的情感中多元生长,教育在温暖的爱中变得有温度。例如,对刚刚入校的一年级的学生,他们面对陌生环境的紧张、与父母分离的焦虑,需要时间适应,这时老师给他们相对宽松的生活环境,给予适当的包容,学生舒适地在环境中生活、学习。他逐渐敢于向老师表达自己的需求,喜欢和老师讨论他的想法,会像老师对他表达的一样,向老师真挚地表达情感。

爱与悦纳,不仅于人而言,对待自然同样如此。春天里,校园里各种树木的种子落满了地,孩子们拿着种子嬉戏。学生处发现后,发起了“给种子安家”活动。

给种子安家活动倡议书

亲爱的同学们:

春天来了,许多沉睡的种子苏醒过来了,很多幸运的种子找到了合适的家,开始生根发芽。可是,一些种子却在悄悄地哭泣,因为有的种子躺在裸露、冰冷、干硬的地面上,没能找到松软的泥土,无处生根,这样一来,她们长成大树的梦想就会破灭。

亲爱的小朋友们,就在我们学校的操场边,小区里、就有很多这样的种子,黑黑圆圆的是樟树的种子,还有桂花树的种子。这些种子有一个梦——长成参天大树,同学们也有一个梦——长成祖国的栋梁之材。希望你们在校园里、小区里、小路上,拾起我和我的同伴,用你们温暖的小手，把种子放进松软的泥土里。可以是自家的窗台，可以是小区的空地。这样，种子就会与你快乐地生长，一同追逐梦想！

3. 平等与尊重

作家爱默生说："教育成功的秘诀在于尊重学生"，尊重是爱的具体表现形式，是适应师生情感的基础。在学习中，学生的情感得到尊重，他们的潜在的能力会得到充分的释放。尤其对于胆小、缺乏自信的学生来说，尊重更是一种激励，是鼓舞他们向上的动力。

公平、平等地对待每一位学生，首先要真正尊重和信赖学生。师生的平等关系表现在老师不再是任何方面的权威，学生也不是只会服从老师的匍匐者，双方一致而又平等地交流，共同遵守各项规则，建立平等、有序的成长环境。

公正的对待每一个学生，就要实事求是、一视同仁。学生是从周围成人的反应，即肯定或否定、奖励或惩罚、赞许或批评中逐步形成道德认知的。因此，教师应该认真对待学生的每个行为，做出公正的评价。一方面要根据学生的实际，另一方面要做好前面的观察，对事不对人。

公正的对待每一个学生，还要长善救失、因材施教。给每个学生以同样的发展机会，尊重不同，达到"大家都好，大家不同"。例如，学校每年会为学生专设"绿萝秀场"，为孩子开音乐会、画展、新书发布会。学校的很多活动被重新定义，六一儿童节的庆祝活动，不再是学校主办，各班少数孩子上台表演，而是分年级组庆祝，平等地给予每个孩子上台展示的机会。学校还将一年级新生入队重新定义为举校同庆的"红领巾节"，每一个一年级孩子都骄傲地带上鲜艳的红领巾，家长。老师共同见证他们的成长。

4. 自立与自主

自立是自己的事情自己做，自主是遇事有主见，能对自己的行为负责。自立侧重实践，自主强调意志，自立的前提是自主。每个学生都是独立的个体，学校教育的目标就是培养能适应未来生活的、阳光、自信、自主的大写人。学校相当于一个小社会，学生自我意识的觉醒、自我潜能的激发，学会自立和自主，为将来进入社会奠定良好的心理基础。

学校重新定义“三好学生”，把“在校是好学生、在家是好孩子，在社会是好公民”作为“新三好学生”的衡量标准，学生在无论在学校，还是家庭和社会中，都要成为更好的自己。除此之外，还培养学生独立承担任务，自己对自己负责。例如，在班级、学校设立小岗位，学生自主申报，制定岗位职责和任务之后方能上岗；我们相信学生蕴藏着无限的可能和潜力，自己的事情自己做，学校给他们提供环境，协助他们去发展自己的潜能，并通过自己与环境的互动而成长。每周学校会进行卫生大扫除，我们提倡学生在能力范围之内的事情自己独立完成，学生因为取得劳动成果而感到满足、愉悦，能体会到劳动的快乐，帮助学生树立正确的劳动观和劳动态度，培养劳动习惯，促进身心全面发展。

二、生活德育的学校实施

德育的过程是教育者根据一定社会的要求及受教育者思想品德形成规律，对受教育者有目的地施加影响，通过受教育者能动的认识、体验和实践，使其养成教育者所期望的思想品德的教育活动过程。绿萝路小学始终以“立德树人”为根本目的，在生活德育实践过程中进行了积极有益的探索和实践，践行系统观、仪式感、体验感、参与感等“一观三感”德育方式，推进学校德育工作健康稳步发展。

（一）系统观

学校整合生活德育目标、内容、途径和评价的实践系统，将碎片化的德育活动建立起横向联系，通过纵向沟通、螺旋上升、分层实施，使之产生更好的整体效应，让学生能自主地开展道德学习，享受生活的道德滋养，获得道德生命的自由成长。

首先，德育课程教学坚持“知行统一”的原则，教师以学生身边的生活为基础，构建学生熟悉的生活情境，让学生通过亲身体验来强化行为训练，实现课堂教学的德育与个体践行相结合的教育模式。

其次，德育课程做好德育资源的传承与对接。努力将学生从学科知识中解脱出来，力求用真实、完整的生活来设计课程结构，融通与儿童现实生活的关系，使课程建立在儿童自身生活经验的基础之上，使其在自身生活中成就自己的德行。结合德育课程、特色活动、节庆活动树立学生的规则意识，增强学生仪式感。整理、加工与合理地选择传统道德教育的精华，从根本上整合道德教育资源，建立一套全新的道德教育体系。

最后，德育课程作为小学德育主题活动的目标和载体。一方面，在保证实施的基础上，对德育主题活动进行课程化管理，规范德育主题活动内容，丰富德育主题活动形式，构筑系列德育主题活动体系，提高德育主题活动效果；另一方面，在目标和内容上，系列化的设计与总的课程目标在方向上保持一致性，与学科课程相辅相成。在整合德育资源，发挥系列化的优势方面，课程化原则起到了重要作用，通过学科教学的渗透，校园氛围的浸润，在组织安排和时间上得以实现德育主题活动系统和长久，更好的落实育人目标。

（二）仪式感

仪式感是学校德育活动不可或缺的重要内容。学校教育很大程度上是“言传身教”性质的实践记忆，而学校里的各种仪式正是具有这一特性的实践活动，通过一些特别的形式强调仪式背后存在的文化内涵，增强学生的记忆点，将抽象的价值观变得可见、可听、可触，帮助学生真正从情感上实现价值认同，并且内化为自己的认知和自觉行为。

例如，每周升旗仪式，由三到六年级轮流承担，增设“国旗下风采展示”的环节，每个班级在全校师生面前展示班级风貌：班级齐诵撼人心志，班级合唱歌声嘹亮，陶笛、萨克斯轮番上场，一幕幕，一声声，是“每周一个崭新的开始，一个良好的开端”的仪式感；在每年新学期开学典礼上，绿萝路小学的老师们、高年级的大哥哥、大姐姐为每一位新同学颁发"入学证书",新生带着美好的祝福开启新学校的新生活,是"我爱校园、人人爱我"的仪式感。

"开学证书"开启童年不同的人生

9月1日,绿萝路小学一年级新生收到了一份特别的礼物。在开学典礼上,绿萝路小学的老师们、高年级的大哥哥、大姐姐为每一位新同学颁发了入学证书。证书设计新颖、别致,充满童真童趣。在这张证书上写到:"亲爱的小朋友,从今天开始,你就又有了一个新名字——你是一个一年级"小学生"了。"小学生"听上去很神气哦,也要像那些小哥哥小姐姐一样,背着漂亮的小书包,蹦蹦跳跳地去上学啦! 不过,"上学"又是什么样儿呢? 你一定很好奇很好奇吧。下面就让我们在以下的开学任务中,去认识我们的小学,快快乐乐地成为绿萝路小学的一员吧!"

接下来是看起来简单实际上也颇有难度的六大任务. 任务一:我是几年几班的小学生,我的名字叫什么? 这个任务还叫任务吗? 许多小朋友看到这里都不屑一顾;任务二:我们的学校叫什么? 我会画绿萝哦。这个任务的前半部分也很简单,爸爸妈妈早就把学校的名字在耳边念了一千遍了,可是绿萝是什么样的呢? 这可是需要大家去在校园中寻找并仔细观察;任务三:我认识了我们学校的校长,她的名字叫什么? 到底哪一位老师是我们学校的领头雁呢? 这个任务有点纠结;任务四:我认识了三位老师,在我需要帮助的时候我可以打电话给他们,还有他们的电话号码也要记下来。这样的任务可不是一会儿能完成的,对于学校里这么多陌生的老师,认清楚他们可不是一件容易的事情。任务五:我认识了四位新朋友哦,他们的名字也要写下来。告别幼儿园的生活,告别幼儿园的朋友,在这一片新的天地里,能不能交到新朋友可是考验交往能力的最好证明。任务六:我的爸爸妈妈也十分开心我们踏入了绿小的校门，请他们写下他们的祝福。新的人生小朋友们和父母一起进入，这些祝福值得一辈子铭记。

通过实践我们发现，好的仪式教育活动，可以为学生营造良好的德育氛围，激发学生的思考，促使学生联系实际，从而让仪式活动真正起到教育作用。

（三）参与感

加涅曾说，不让学生参与到问题的解决过程中，就不可能形成解决问题的技能。绿萝路小学将道德学习置于现实的生活中，将生活德育和节庆教育联系起来，开发丰富多彩的节庆教育主题，让学生参与其中，在实践中磨砺品行、活学活用，培养学生良好的道德品质，养成良好的行为习惯，引领精彩的生活。

1. 让中华传统节日进驻心间

中国传统节日是弘扬和培育中华民族精神的重要文化载体，它周而复始地延续着我们民族的文化自信和价值坚守，作为教育工作者，让历史悠久的传统文化在新时代得到传承并发扬光大，我们责无旁贷。但目前的小学教育中，由于简单枯燥的教育方式、西方节日的冲击等原因，传统节日教育正在被弱化。如何让学生珍惜自己的传统节日、发展我们的文化，使中国优秀的传统文化得以传承和更新，成为摆在学校面前的严峻课题。作为传统文化教育的主渠道、主阵地，学校要起到先导与示范作用，要充分利用每一个传统节日，对学生进行中华传统文化教育，使学生能更深入地理解传统节日丰厚的文化内涵与道德意义，坚定文化自信，还能激发他们对民族文化的自信心和自豪感，促使他们更具有家国情怀、更具社会责任感。因此，绿萝路小学从学生的体验、情感入手，创设丰富的情境，寓传统节日教育于多样的活动之中，开展庆“春节”、“元宵节”、“重阳节”、“清明节”、“端午节”、“中秋节”、“重阳节”等传统节日实践活动，让学生了解、认识、喜爱传统节日的文化，并深深融入日常生活中，增强其民族认同感和自豪感，坚定文化自信，最终成为有民族根、中华魂的新时代好少年。

首先要学习和理解传统节日的由来、符号与仪式的内涵。很多学生不喜欢过传统节日，是因为他们根本不了解这些节日中所蕴藏的内涵，尤其是离学生生活较远的节日。因此，立足生活，挖掘传统节日内涵显得尤为重要。学校引领学生了解民族传统节日文化知识，学生通过上网查询、阅读相关书籍、讲故事等形式增强对传统节日的认知和理解，进而认同传统节日、喜爱传统节日。比如，春节扫尘、包饺子、贴对联。扫尘除了新年新气象的寓意外，大扫除还可以减少来年春暖花开时害虫繁殖；过年相互拜年可以增加亲戚之间的感情联络，增进相互间的友谊；中秋给长辈送月饼、九九重阳探望老人都是我们中华民族的优良品德。

其次在体验活动中亲近传统节日。《完善中华优秀传统文化教育指导纲要》指出，加强中华优秀传统文化教育，要坚持课堂教育与实践教育相结合。传统文化节日并非模仿古人的形式，而应注重体验传统的精神与情感，正如冯骥才所说，“对美好生活不懈的追求，对大自然的感恩与敬畏，对家庭团圆与世间和谐永恒的企望是不变的。”因此，传统节日不仅仅是过节，更应思考的是如何过个有意义的节日。绿萝路小学通过营造欢乐、喜庆、祥和的节日气氛的体验式活动，浓郁节日气氛，拓展活动空间，让感受体验更为真实，学习更为有效，大大强增传统节日文化对广大儿童的吸引力。

春节的饺子、汤圆，端午节的粽子、龙舟等，这些生活化、覆盖面广的内容都与小学生的学习生活、德行修养等紧密联系在一起。但是，每一个传统节日所蕴含的意义和内涵还是存在着巨大差异，德育重点也各有所侧重。如清明节，内容涉及寒食、扫墓、踏青等诸多内容，适宜进行感恩、诚信、孝道等方面的教育；端午节涉及吃粽子、划龙舟等内容，适合进行爱国主义、集体主义教育。学校在传统节日来临时，因地制宜，举行形式多样的传统节日教育仪式和实践活动。如清明节组织学生祭扫红军墓、参观烈士陵园；重阳节组织学生到敬老院看望慰问孤寡老人；春节组织学生写春联、做汤圆等等，让学生通过参与式和体验式学习感受传统节日氛围，接受传统文化的教育熏陶，内化传统节日所蕴含的文化价值和德育价值，而且培养了学生主体参与意识、动手能力和团结合作精神，普及了传统文化知识，更让孩子们在自己动手、共同分享中收获了成功与快乐。

在传统节庆之际，组织学生、家长、社区人士共同开展实践活动。例如，绿萝路小学积极引导学生开展三个一活动：开展一次调查活动，探究传统节日的来历和习俗：师生共同拟订传统节日研究调查方案。内容涉及传统节日的来源、习俗、传说、经典诗文等。通过小组分工、同伴互助，深入乡村、社区，实地调查走访，通过报刊、广播、影视、图书馆、互联网、等不同形式和渠道，收集整理分析资料，写出传统节日的调查报告。开展一次知识竞赛，比一比谁了解的习俗多；开展一次经典诗文诵读活动，在诵读中与节日亲密接触，亲密对话。这些传统文化特色活动，不但能促进家校之间的交流，还有利于孩子未来传承、发扬传统文化的精髓，激发孩子的兴趣，有利于培养孩子未来敬老、爱老、勤劳、感恩等积极健康的情感和品德。

2. 让校园特色节庆装点童年

在传统节日的基础上，为了丰富学生的精神生活，营造健康向上、活力四射德育环境，让学生体验别样生活、进行自我展示，凝聚师生情感，为童年留下美好难忘的记忆，绿萝路小学进一步加强"节庆文化"研究。不同于国家已有的传统节日，这些"校园节日"是有学生自主开发、自主设计的。例如体育节、英语节、科技节、阅读节、红领巾节、淘宝节、新春音乐会等等，每个特色节日，在精心设计之下，校园富有浓郁的节日气氛，学生在不同的节日中，情感得到共鸣，心灵得到浸润。例如，学校把每年的"双十一"定为"淘宝节"。学生将闲置的玩具、图书、文具等物品摆摊售卖，每个摊位各具特色，旁边还贴出了宣传海报和价目表。变身"老板"之后，学生们表现出来的热情与活力，买二送一、买满抽奖的活动吸引了不少目光，校园也成了展示青春激情和创意的舞台，学生们体验了公平买卖和劳动的快乐，也锻炼了沟通、财商等综合能力。学校还创造性地把此活动与德育相结合，学生不仅可以用现金消费,还能用自己通过"好行为、好习惯"兑换的"绿萝币"来购物。校园虚拟货币的运用,让学生更加在校园这个小社会里,获得"先挣币再消费"的体验感,形成了行为习惯养成的长效机制。

在"歌唱吧,绿宝"校园体艺节活动中,学校被嘹亮的歌声包围着,在同学们中掀起了一场歌唱热潮。每个班都在为学校合唱节做准备,比赛过程中气氛热烈,精彩纷呈。一首首激荡人心的歌曲掀起了一阵又一阵热浪,激起了师生、家长强烈的共鸣;在阅读节中,以 图书馆、走廊书吧、班级书吧为阵地,以"好书推荐"、"好书分享"、"亲子共读"为契机,以评选"书香少年"、"书香家庭"、"书香班级"为推手,营造浓郁的书香氛围;科技节更是意义非凡,将"爱科学、学科学、用科学"的种子,以科技节为载体,播进孩子们的内心深处,培养细观察、勤实践、勇探索的绿萝少年。学生用自己灵巧的双手"创造发明"了很多有一定价值的作品,比如"航空母舰"、节能灯、吸水机、变色风车、"天女散花"、水陆两用船、不用电的指示灯、望远镜、轰炸机等等。这些作品虽然多少有些稚嫩,但充分展示了孩子们的创造性思维和创新能力,孩子们通过创造的作品获得了成功的喜悦,激励了他们再创造的欲望。

生活德育实践成为一种约定俗成的行动文化,学生参与校园特色节日文化活动,不断推进多维、有效互动的、序列化的、鲜活灵动的主题活动。通过探讨校园节日文化活动对学校德育的影响,联系学校德育的现状,拓宽学校德育效率的途径,更好地为培养有道德的新时代人才助力。

(四) 体验感

北京师范大学德育学者班建武指出:学校德育实效性不高的一个重要原因,就在于我们并没有真正了解当前青少年的身心特点和思想特征。往往德育形式不够生动,游离于生活之外,缺乏鲜活的气息,给学生提供的实践机会不多,难以内化为学生的自身素养。所以,学校德育实践活动要尊重学生身心发展规律和思想品德认知水平,有主题、有目的、有计划的通过体验实践活动，促进学生在生活中体验，在体验中生成。从而激发学生主动参与的欲望，使学生主动愉快地投入，德育实践活动就可成为学生品德形成和发展的动力。

让学生是自己生活的主人。每一个学生生活中，都有体验充满生长的气息身发展的需求，尊重学生的这一需求，才能让每个生命的种子拥有破土而出的力量。因此，我们努力做到关注每一个独特的学生个体，以丰富的活动满足多种体验的需要，号召全员参与、全心体验，给每位学生体验的机会和展示才能的舞台。同时，赋予学生自主选择的权力，让儿童以他们喜爱的形式开展活动，体验独特成长的快乐。

1. 角色体验

引导学生去体验不同的角色，从别人的角度去看世界，理解别人、感受自己、获得积极情感体验，增强主观幸福感，拥有乐观豁达、健康向上的积极心态，形成积极的人格特质，去面对现实挑战和人生未来，成就最好的自己。例如，在“走进特校，关爱少儿”的特色活动中，学生来到秭归县特殊教育学校。活动中，师生和家长观摩了特校孩子上课，参观学生宿舍，观看地震演练。学生闵嘉煊说：“看到特校同学们表演的精彩节目，真为他们感动，他们的坚强不屈精神，值得我们学习”。大家慷慨解囊，略尽爱心，累计为特校捐书200册，并为每人购买了毛巾、水杯、跳绳等生活和体育用品。

走心、共情，让学生真切的体验直击“心灵”，获得“一手”的体验与感悟，激发积极情感，建构起新的道德认知。创设生命舒展的形式以活动为载体，创设情境，进行多种方式的体验，使学生不仅“身受”，而且“感同”，真正触动学生心灵，将形成的道德认知自觉内化并指导自己的行为。

2. 职业体验

学生体验不同职业的劳动内容的工作方式，体会他们带给社会的不同贡献，感悟做任何事情都不易，需要尊重他人，学会换位思考。例如，在六一儿童节及世界牛奶日到来之际，学校小葵花动感中队的队员们在俏牛儿牧场体验了一把牧场管理员的一天工作。学生上午打扫青贮窖、牛舍、挤奶厅和小牛犊的牛舍，检查每一头奶牛的“身份证”。下午学生们自己动手挤奶，了解奶源的来之不易。大家纷纷说道，以后再也不会浪费粮食了。

体验只有真正触及学生内心深处，才能形成真切的认知，引起深切的共鸣和心灵的震撼。随着体验的深入、经验的累积，学生的生活阅历越丰富，道德体验的触点就越多，越有助于学生心灵的丰盈和品格的提升。

3. 研学体验

研学作为一个体验课程，改变了这种体验形式的单一，拓宽了体验空间。研学的根本目的就是为了让学生走出教室、走出学校，走向自然，走向社会，在亲身体验中增长知识、培养核心素养，学生从“观众”变成了“主演”，参与度显著提高，活动的育人效果更加明显。

儿童的生活立场是儿童在研学旅行中发挥主体性的有效保证，是综合实践育人的有效途径，是生活德育实践的基础，是有效开展研学旅行的前提。因此，研学旅行从设计到实施到评价，都要遵从儿童身心发展的规律，以及儿童的天性，满足儿童的好奇心和想象力，鼓励个性化发展。例如：各班的假日实践活动精彩纷呈，沮漳河生态游、中华鲟基地长见识，磨基山上望长江等等，实践活动中，条幅赫赫，彩旗飘飘，摄影拍照不亦乐乎。除了亲近山水，走进大自然。很多班级尝试其他的亲子活动、方式。401 班的“趣味运动会”活动，体验军营，让孩子们在训练中感受到秩序与班级规范。以这个活动为契机，401 的习惯亮点“走好路，排好队、说好话、做好事”有了班级凝聚力，因此在“习惯亮点”展示活动中成为了亮丽的风景线。金思贝“小创意，大未来”动手拼装活动，502 班同学无限欣喜，这是他们多么喜欢的活动。301 班同学走进三峡大学理学院和大哥哥大姐姐一起观察“红月亮”等等。

研学旅行为学生提供广阔的、多向的、全面的展示平台，为儿童提供充分施展自己才华的舞台，使儿童的个性和才能得到持续发展。教师在研学旅行过程中对儿童自主观察意识和能力的培养，为儿童提供自主交流表达的机会。

研学之旅

清晨,我缓缓的睁开眼,拉开窗帘,一股强光刺进我的眼睛,我不禁感叹:"今天是个好天气!"我匆匆的吃过早餐,背上了我早已准备好的背包,开启了我期待已久,两天一夜的——研学之旅。

在老师和陪同家长的带领下,终于坐上了旅游大巴,同学们个个精神抖擞,兴奋不已,一路欢歌笑语,不一会儿,就到了研学第一站——三峡大坝。

到了三峡大坝以后,第一个游玩的景点,叫坛子岭,它是三峡大坝最高的地方,可以看到三峡大坝的全貌,周围的绿绿的山、滚滚的长江和雄伟的三峡大坝,恰到好处的融合在一起。站在坛子岭上,俯看脚下的一切,就像古人所说:"一览众山小"的感觉。

第二个游玩的地方叫185平台,听导游说:"为什么叫185平台呢?因为这个平台海拔高度是185米,正好和三峡大坝一样高。"这个地方没什么特别之处。

最后,我们到了三峡截流园,在这里,我们看到了当时建立三峡大坝,留下来的沙、石头、和所有的材料,以及当时用过的车,我可以感受到当年修建大坝时候的艰辛万苦,我默默的敬了个少先队礼,心想:"我是中国人,我为修建大坝的人感到骄傲和自豪!"

下午,我们到了三峡文化中心,首先,我们费了"九牛儿虎之力"拼好了三峡大坝的模型。接着我们听了《三峡精神》讲座,在这里我了解到了,治水英雄:大禹、鲧……,三峡建设者们的故事。

第一天的研学,在累并快乐着中结束了,期待着第二天的到来。

第二天,也是我们研学的第二站——屈原故里。这一天,我们也是早早的起了床,吃过了丰盛的早餐,经过了半个小时的车程,就到了我们的目的地。

我们在屈原祠前,穿着楚服、行拜师礼,可以切身感受到古代传统文化和礼仪。

走进屈原祠里面，一个房子的屋顶上，有四条龙，看上去十分威武，房子的里面还有一个小房间，走进去第一眼看见是一座青铜像，这就是我们伟大屈原了，他紧锁眉头，眼睛凝视着四面八方，手持宝剑，威武的站立在那里，让人肃然起敬。

后来，我们看了精彩的民俗表演，体验了传统手工艺，包粽子、包香包。

经历了两天一夜的研学，不仅让我心情愉悦，而且学到了在课堂上学不到的东西。

（402 班　丁玮怡）

杜威认为道德教育的重要方法就是组织学生直接参与社会生活，让学生在社会生活中感受、体验、感悟，进行应有的道德实践。引导和组织学生通过各种社会实践活动践行社会主义核心价值观，开展自我教育。采取多种方式引导学生全面理解、正确对待重大理论和社会热点问题，增强是非辨别能力。让学生彼此对话、唤醒、交融、体验，用情感触摸情感，用智慧开启智慧，用灵魂塑造灵魂，用生命激扬生命。

三、生活德育的班级演绎

班级是学校工作的基本单位，它作为学生的主要成长环境，对学生思想道德、能力水平的提升具有至关重要的作用。班级文化建设反应了班级的精神风貌和德育实施理念，良好的班级文化建设有利于形成良好的班风、斑貌，能给学生带来正面积极的影响；班主任作为班级工作开展的引导者，要起到榜样作用，肩负着学生形成良好品德素养的责任。

目前绿萝路小学共有 26 个班级，每个班级形成独有的班级文化特色。在特色班级创建上，我们充分挖掘“绿萝精神”教育资源，以成长需求研究的实证化、序列化推进年段主题活动的精致化发展。运用问卷、案例法了解学生在活动内容、活动形式等方面的需求和幸福感。根据学生成长需求开展活动设计，在阶段研究过程中以数据对比的方式呈现学生前后发展的变化，形成调研报告。

围绕年段德育重心，为更好组织班队文化建设与主题活动。学校还邀请华东师范大学李伟胜教授做客绿萝路小学，就班级建设进行调研，“拿脉问诊”、出谋划策，在李教授的指导下各年段班主任围绕三大德育层面开展情感体验式的班队活动。活动结束后，班主任和学生共同设计班队活动，各班呈现出师生亲手布置的班级文化，系统的德育构建在班级文化创建的过程中以一种积极向上的主流文化精神凝聚了学生的创造力，增强了学生的品行感染力。

1. 班级名片，自主设计。“以生为本，特色鲜明”这是班级创建的新思路。全校 26 个班级就有 26 个特色名片，包括班级特色名称、班训、班徽等。班训，班徽，班歌，班花，班级主题诗等一系列“班级镜像”渗透着学生的参与热情，创造潜能，展示了班级小主人的团结合作，乐观向上的集体力量，更体现了班级小主人的团结合作，乐观向上的集体力量。每个班级在孩子们的手中变美了，变亮了，更具有儿童味道。

2. 班级事务，自主管理。在校园文化的引领下，学校的班级特色文化建设也彰显出教师和学生的创造力，从而形成班班有特色，人人有需求。以班级为单位，开发各项岗位，创建有特色的、有活力的“绿萝之家”，培养热爱生活，热爱班级的责任少年。在专家引领下，学生处与班主任共同探寻一套易操作、有成效、生动活泼的班级民主管理方案：班级岗位设置——岗位认领——岗位竞聘——岗位考核——岗位评价。充分反映学生需求，主动引领学生发展。

在“班级岗位认领”班会上，孩子们不仅找到了岗位，更找到了做主人的幸福感。“班级掌门人”、“黑板美容师”、“窗台美容师”、“墙面修容师”、“课桌小督察”、“齐齐小管家”、“护眼小医师”、“节能小卫士”、书吧管理员”、“护绿使者”、“电脑管家”、“班博管家”、“QQ 小群主”、“小小摄影师”、“小记者”……名称大家一起想，任务大家一起定，岗位自己选、轮流换。一个个小岗位点亮了孩子们自主成长的热情，每个孩子在小岗位上散发出别样的风采……

不管是服务型岗位、管理型岗位、技能性岗位、还是志愿型岗位，每个小主人在管理、服务、奉献中体会爱、感受爱、散发爱的激情，实现爱的梦想，绽放如花的童年。不仅找到了岗位，更找到了做主人的幸福感，成为有想法、有作为、肯做事、会做事的有为学生。

3. 班级空间，自主创设。“博客之家”是生本班级创建的个性平台，也是孩子们多元发展的个性平台。在生活化、趣味化的班级博客中，孩子们展示自已、互相交流。“我爱我们的博客之家，它让我们的心灵放松，友谊得到升华”，这是孩子们自己的博客感言。学生立场，学生做主，内容丰富、互动温馨，有趣味的博客之家，成为了孩子们最想来，最想参与的家。“开心一刻”、“烦恼回收站”、“我的超能力”、“吃货一族”、“行走天下”、“天籁之音”、“好书快递”、“学有妙方”、“美文共赏”、“诗歌天地”、“才艺秀秀”这是清莲乐园的班级博客之家；“童年的眼”、“心声盒子”、“绿意年华”、“婆娑竹影”这是劲竹中队的博客之家；网络改变了世界，也改变了传统的班级管理模式，学生们通过网络走进班级，走进同学，走进朋友的内心深处，这里有分享，有交流，有展示，有祝福，有倾诉，有关爱……在垃圾分类进校园活动中，学生们自己利用废旧纸箱设计了四类垃圾桶，还自己组织垃圾分类知识竞赛、分类小游戏等开展自主管理，通过平时的学习学会了垃圾的正确分类，又向文明迈进了一步。

4. 班级活动，自主开展。清莲中队的同学们叩响了当家作主的最强音。一学期以来，每两个月开展一次生日会；每月一次主题活动，如：美食会、桌游赛、乒乓赛、诗词朗诵赛、神奇传输带趣味赛等等，一次次活动让孩子个性自由生长，傲然绽放。一次次活动使得孩子们迸发出生命激情，“我爱我们的家”，这是孩子们最朴实的表达。班长在班级 QQ 群上每月都会发“班级小结”，副班长每天都会发“小组每日十查统计”。评比活动每月一小结，颁发“最佳团队奖”“星光少年奖”，通过正能量引导孩子们心向善，行向上。

四、生活德育的家校互助

家庭是人生的第一个课堂，父母是学生的第一任老师，家庭教育涉及很多方面，但最重要的是品德教育。父母要重言传、重身教，教知识、育品德，帮助学生扣好人生的第一粒扣子，迈好人生的第一个台阶。

《指南》指出：要形成"家庭社会联动的德育工作机制"，"坚持协同配合"。这就要求建设家长委员会，让家长走进校园参与教育、监督教育、支持教育、理解教育、学会教育；实施家长开放日、家长接待日、家委会主任值班日、家长安全巡查日制度；完善家长列席学校办公会，参与教师评价，参与学生评价机制。要建立依法办学、自主管理、民主监督、社会参与的现代学校制度，实现家长的知情权、监督权、参与权，形成学校、家庭和社会协调一致的育人合力。

1. 育人目标一致

要提升学校德育工作的执行力，学校要用好一支强大的"编外"队伍——家长。学校的各项教育离不开家庭的支持，如果家长德育意识薄弱，缺乏对孩子进行品格教育，并且忙于工作而没有尽到对孩子的监管义务，学生在学校受五天的德育与熏陶，往往在家中过个双休日就会消耗殆尽。学校要强化与家长的沟通与联系，吸纳家长参与学校的管理育人活动中，得到他们的理解、支持与配合，充分发挥家长及家庭教育在管理育人中的作用，协同攻关，合作育人。

2012 年绿萝路小学家委会工作室揭牌仪式正式举行，校级家委会成员讨论修订了《绿萝路小学家委会章程》，家长委员们更加明确了自己的义务与权利。校级家委会成立后，学校大胆向家长"放权"，家委会成员每周来家校办公室办公一天，聘请家长为校外督学，进班听课，及时反馈校园安全隐患，并对学校建设提出合理化建议；带领本年级家长共同研究、探讨孩子的成长特点和教育规律，及时宣传并指导其他家长；他们还可以直接联系课程处进班级听课;每学期教师满意度测评由家委会组织、统计和反馈。

家委会着眼于新时代对教育工作的新要求,从更高的层次与境界出发,不断加强家委会自身建设,充分发挥家委会在家校联络过程中的纽带作用,进一步畅通和拓宽家校信息沟通的渠道,加强家校在学生教学活动过程中的信息沟通,整合学校、家庭的教育资源。同时,进一步探索更有效、更切合实际的工作方法,使家委会的工作朝着科学化、制度化的方向迈进。

2. 育人责任共担

为满足广大家长关心教育、关注孩子的愿景,更好的促进学生全面发展,继向家委会“放权”后,绿萝路小学又向广大家长开放校园,家长亲身参与学生一天的校园生活。

家长进校园,多了一双慧眼看教育。在一日活动中,家长义工们可以进班听课,了解教师的教学进度和孩子的学习生活情况状态,课间深入办公室与任课老师交流。跟随班级学生一起长跑、做操,参与班级中的各项活动包括班级卫生的打扫、常规的管理等,在整个过程中,家长真正成为了班级活动开展中的参与者、合作者。

“家长护卫队”,让家长和孩子们心里十分踏实。以往学生们出入的高峰时段,单靠两名值勤老师和门卫维护学生上下学秩序和安全,无法全面顾及。“护卫队”的成立给学校的工作起到了很好的辅助作用。这些亲切的面孔,给孩子们带来了踏实感。“有时候看到自己老爸在门口站岗,保护着我们的安全,心里很高兴。”孩子们都说,看到他们自己的爸妈和同学们的爸妈在门口站岗,有一种亲切感,十分熟悉。很多家长在了解到家长护卫队的意义后,纷纷克服自身的困难参与其中,不管刮风下雨,每天早中晚上学、放学时段,大家都会轮流值勤,保障学生安全进出校园。

校园开放日活动促进了学校各项活动的开展,为学生营造更优良的成长环境。家长通过全方位深度参与校园生活,可以发现学校教学与管理中的不足,并及时给出建议,充分发挥了家长在学校管理中的作用,实现家校合力,谱写家校共育的新篇章。

3. 育人难点共破

如何培养德智体美劳全面发展的子女是父母孜孜追求的永恒心愿。但对每一个独生子女家庭，父母的育儿经历都是摸着石头过河，没有亲身经历的经验可供参考。在孩子的成长过程中，很多家长都存在许多困惑。学校要发挥主导作用，引导家长注重家庭、注重家教、注重家风，营造积极向上的良好氛围；引导家庭、社会增强育人责任意识，提高对学生道德发展、成长成人的重视程度和参与度。

基于此，绿萝路小学充分利用各方资源，精心组织，定期为家长们提供关于育儿方法的“家长课堂”：组织家长与学生一起开展学习优良家训、传承优良家风活动；开展家教论坛、家教沙龙；办好家长学校，科学开设家教课程，提高家长素质。通过建设家校成长共同体，引领家庭教育理念，指导家庭教育方法，促进家长、学生、教师共成长，探索现代家校合作育人新途径。

(1) 个性定制，对症下药。由于小学生处于行为养成的基础时期，而低、中、高年段的学生又各具特点，为了进一步加强学校与家庭、教师与家长之间的密切联系，真正达到家校携手共同培养孩子的目标。家委会以年段为单位，老师们根据各年段学生的发展特点，制定相应的主题对家长进行培训，针对不同年龄阶段的育儿问题“对症下药”，对家长进行个性化授课。

为帮助一年级新生尽快适应学校生活，帮助家长掌握辅导孩子的正确方法，让家长有效地与学校、老师合作，使学生养成良好的行为习惯，学校每年会举行一年级新生家长课堂。学校领导与新生家长见面，向各位家长介绍了学校的办学理念、师资力量、课程建设等情况，让家长们对学校有了更深的了解。适应小学生活后，家长课堂则会从“家庭教育的重要性”、“好习惯伴随终身”等方面向家长做专题讲述，利用深入浅出的实例引起家长的共鸣。中、高年段学生进入青春期，独立意识增强，总是希望得到他人的承认和尊重，希望摆脱成人的约束，渴望独立，老师们针对这一特点，为家长献上一条条锦囊妙计，化解学生浮躁的心理。经验的介绍，既让家长们知道了正确教育孩子的基本方法，为后续的家校合作建立了夯实的基础。

(2) 专家引领,共享成长。为了改进学生家长育儿思路与方法,提升家校教育质量,学校家委会也积极邀请教育专家来到家长课堂,让家长们能够面对面地学习专家们睿智的教育技巧,共同探讨育儿的“金点子”。

学生的心理健康教育应该贯穿在家校教育的全过程。学校家委会特意邀请西陵区督导室孟毅主任对家长进行培训,她通过黄洋、马加爵和李天一案件去反思孩子的成长,用自身教育女儿的小故事告诉家长最省心的教育是家长要当孩子的榜样,用自己的人格魅力去教育他们。华中师范大学教育硕士、二级心理咨询师琚艳丽老师给学生和家长进行《爱的觉醒》心理辅导讲座时,让家长们认识到改善亲子关系在育儿过程中的重要性。在亲子互动游戏中,爸爸、妈妈和孩子们互换角色,互相理解。

童蒙养正,以身作则,“家长课堂”让学校家长们反思了自己在教育孩子过程中的问题,意识到了孩子身上的问题其实是家庭问题的集中体现,激发了家长对“什么是真正的爱”、“如何去爱”的“爱的觉醒”,有利于帮助更多家长引导孩子们健康,自信,快乐的成长。

4. 育人成果共享

家校社合作育人,与孩子一起成长,应该是教育的本义。特别是随着信息技术的深入发展,传统的教育方式方法也正面临变革,我们打破单一化、封闭式的教育模式,建立更为开放、更加多元、更为丰富的学习方式。

如今,绿萝路小学家校形成了育人共同体,家长与老师相互理解、相互支持、合作育人,形成了良好的育人氛围。学校借助微校、钉钉班级群、学校公众号等网络平台,利用问卷调查、在线答疑等方式,架起了与家长情感相融的桥梁,共商教育策略,协同进行教育。家校合作育人,为孩子的幸福奠基,必将成为教育的常态。

真正的教育就是让每一棵树、每一根草以适宜的方式生长,让每一个孩子以自己的姿态成长,强调尊重儿童发展的阶段性,从儿童发展的现实和可能出发,施行成长中的基础性教育,帮助他们解决现实生活中的问题,为他们成长为具备参与现代生活能力的社会主体合格公民奠定基础。绿萝路小学德育工作者们遵从学生道德品质生成的规律,满足学生道德生长的内在心理需要。把每个孩子都当成珍贵的种子,辛勤地耕耘,精心地呵护,静待他们发芽,长成美丽的花朵,或者苍天的大树,最终融入生机勃勃的世界。

第六章　增值的生长评价

在教育教学过程中，评价起着至关重要的作用。随着时代的发展，教育也愈发受到国家及社会大众的重视，新课程标准、核心素养等观念层出不穷，教师的角色、教学方式、学习方式都发生了巨大的变化。在日新月异的教育发展潮流之下，对学生的评价方式也必须随时而变，推陈出新。绿萝路小学在学校变革进程中，摸索地开展增值性评价，让师生在评价中获取不断生长的动力。

第一节　增值性评价的内涵与特征

一、增值性评价的内涵

1984 年，美国田纳西大学的两位统计学家威廉·桑德斯和罗伯特·麦克莱恩发表论文，提出了采用学生成绩数据来评价教师的增值评价法，利用数据建立了较为完整的增值性评价系统。这是增值性评价的雏形。1992 年，美国田纳西州教育改革法案将“增值性评价”定义为：“一种通过教育成果评价学生学业成就的方法，进而评价教师、学校和学区性能的统计模式。”[①]“增值性评价分为两步：首先根据各校的生源质量、学校设施、师资水平等得出一个输入值（input）；然后对教育结果进行评价，得出一个输出值（output）。输出值与输入值之间的差就是增值，用公式表现就是：增值 = 输

① 庞威. 美国中小学增值性教师评价研究[D]. 西南大学，2009.

出－输入。”①“增值评价法坚持认为，无论学生入学水平如何，社会、家长都有权利要求学校和教师向学生提供获得学业进步的机会，或者说，所有学生都能够并且应该获得与他们能力相吻合的进步。学校和教师应该采用各种教学方法，努力达到预期的结果。”②增值性评价的核心是以人为本，强调对评价对象人格的尊重，强调每一个对象的发展，强调从评价“过去”和“现在”，转向评价“将来”和“发展”。能有效引导学校“从重投入到重过程、从重生源到重培养、从单纯关注结果到关注教育全过程。”③

教育部在《关于积极推进中小学评价与考试制度改革的通知》（以下简称《通知》）中提到：“中小学评价与考试制度改革的根本目的是为了更好地提高学生的综合素质和教师的教育水平，为学校实施素质教育提供保障。充分发挥评价的促进发展的功能，使评价的过程成为促进教学发展与提高的过程”，《通知》同时提到，“对学生、教师与学校评价的内容要多元，既要重视学生的学习成绩，也要重视学生的思想品德以及多方面潜能的发展，注重学生的创新能力和实践能力；既要重视教师业务水平的提高，也要重视教师的职业道德修养；既要重视学校整体教学质量，也要重视在学校的课程管理、教学实施等管理环节中落实素质教育思想，形成生动、活泼、开放的教育氛围。评价标准既应注意对学生、教师和学校的统一要求，也要关注个体差异以及对发展的不同需求，为学生、教师和学校有个性、有特色的发展提供一定的空间。评价方法要多样，除考试或测验外，还要研究制定便于评价者普遍使用的科学、简便易行的评价办法，探索有利于引导学生、教师和学校进行积极的自评与他评的评价方法”④由此可见，对于学生的评价已经不能仅仅局限于成绩和结果，形式内容单一、忽略学生个体差异和发展过程的终结性评价方式已和时代的要求逐渐背离，终将被淘汰。评价方式的改革和

① 庞威. 美国中小学增值性教师评价研究[D]. 西南大学，2009.
② 王斌华. 教师评价：增值评价法[J]. 教育理论与实践，2005，(12).
③ 张亮，张振鸿. 学校“增值”评价的实施原则[J]. 当代教育科学，2010(10)：7－8.
④《关于积极推进中小学评价与考试制度改革的通知》。

创新是大势所趋。这是对学校教育的挑战，同时也是契机，将目光聚焦到人的发展上来，才能不被时代的洪流淹没。在新时代的感召之下，为了努力促进学校师生的个人发展及提升，学校团队仔细研究了各种教育评价方式，在充分考虑绿萝路小学办学理念和办学实际基础上，提出对学生采用增值性评价的方法。

二、增值性评价的基本特征

增值性评价是在传统评价方式基础上的进步和发展，具有以下几个特点。

第一，增值性评价是一种个性化的评价。正如世上没有两片相同的树叶一样，每一个学生都是独一无二的，有其独特的特点和能力，这就决定了对于他们的评价不能是大而化之、千篇一律的。“评价标准既应注意对学生、教师和学校的统一要求，也要关注个体差异以及对发展的不同需求，为学生、教师和学校有个性、有特色的发展提供一定的空间”[①]，增值性评价以学生的原有能力为起点，“考虑了学生的原有基础和进步幅度”[②]，根据每一个学生的增值情况给出不同的评价。这种看学生的纵向发展而不搞横向比较的评价方式，符合学生的个性特点，让学生在评价的过程中明确自己的优势和特长，对自己有更加深刻、全面的认识，同时也明确自己的不足，找准努力的方向。同时，充分考虑到学生原有水平的评价更能凸显学生的个体差异，将这一因素纳入评价范围，对于学生来说无疑是更加准确也更加公平的。毕竟，学生的成长会受到多方面因素的制约，在教学方式、教学环境、教学时间相同的情况下，学生自身的素质水平、家庭对学生教育的重视程度、培养方式等各种因素都能对学生的成长和发展产生一定的影响，学生自身进步的幅度也是不尽相同的，如果一味

① 《关于积极推进中小学评价与考试制度改革的通知》。

② 王斌华. 教师评价：增值评价法[J]. 教育理论与实践，2005，(12).

按照统一标准来评判所有学生、“一刀切”，不仅无法对学生做出准确的判断，同时也会大大损害学生在学习中的积极性和自主性，更有可能让学生对学习产生抵触情绪。由此可见，增值性的评价对于学生的成长和发展来说是十分必要的。

第二，增值性评价是一种过程性的评价方式。《通知》强调：“对学生、教师和学校的评价不仅要注重结果，更要注重发展的变化过程。要把形成性评价与终结性评价结合起来，使发展变化的过程成为评价的组成部分。”①增值性评价是对学生一段时间内表现的总体评价，例如这一段时间中，学生在哪一个或哪几个方面有了明显地进步和变化，在哪些方面还需要努力改进，将具体情况通过评价的方式反馈给学生和家长，肯定和激励并存，以促进学生的进步和发展。

第三，增值性评价是一种发展性的评价方式。“学生增值评价关注学生的起点水平，注重学生学业水平发展的过程，是一种发展性的评价方式，是对学生评价体系的重要补充。”②相对于传统的评价方式来说，增值性评价更加关注的是人本身，是个人努力过程中的付出和成长及经过努力之后的进步。这种评价是对学生发展的肯定和鼓励，旨在促进学生进一步的发展。

第四，增值性评价是一种多元性的评价。《通知》明显提出对学生的评价内容要多元化，“既要重视学生的学习成绩，也要重视学生的思想品德以及多方面潜能的发展，注重学生的创新能力与实践能力”③。增值性评价不仅仅关注学业知识的掌握，更加关注学生在学习过程中潜力、能力、素质等各方面的增值，从学习能力、创造力、生活技能、行为习惯、情感态度、社会性等多个方面对学生进行评价，实现了评价内容的多元化、全面化。同时，增

① 《关于积极推进中小学评价与考试制度改革的通知》.

② 罗华秀.贵阳市A学校实施学生增值评价存在的问题及对策研究[D].重庆师范大学，2014.

③ 《关于积极推进中小学评价与考试制度改革的通知》.

值性评价也是主体多元化、方式多元化的评价。以往的评价基本以教师为评价主体，教师又以班主任为主，增值性评价让评价主体范围更为广阔，除了班主任之外，还包括各科任教师、学生自己、同学、家长甚至于软件，将听、说、读、写、做综合起来，再结合信息技术和多媒体运用，用更加先进的方式对学生进行评价。这种方式不仅激发了学生的学习兴趣，也给学生提供了全面发展的机会和舞台。

当然，增值性评价也是一种基于证据的评价。任何一种评价都不是空穴来风、随意想象出来的，必须有一定的事实依据。增值性评价的结果来源于学生成长的实际情况，通过长期的观察记录下数据，再对记录的各种数据进行分析综合，形成最终的评价。

总体来说，增值性评价是基于学生个性发展的一种真实、可靠的评价，此种评价既符合时代的要求，也满足了学生生长发展的需要。

第二节　学生发展的增值性评价

学生评价是指“根据一定的标准，通过使用一定的技术和方法，以学生为评价对象所进行的价值判断。它是教育评价的的基础和重点，也是学校教育评价的核心。”[①]学生评价的种类繁多，根据其在教学活动中的不同作用，可以将学生评价分为诊断性评价、形成性评价和总结性评价；根据评价的价值标准，可以将学生评价分为相对评价、绝对评价、个体内差异评价；根据评价的分析方法，可以将学生评价分为定量评价和定性评价……教育部《关于推进中小学教育质量综合评价改革的意见》对于改变评价方式提出了明确要求：“将定量评价与定性评价相结合，注重全面客观地收集信息，根据数据和事实进行分析判断，改变过去主要依靠经验和观察进行评价的做法。将形成性评价与终结性评价相结合，注重考查学生进步的程度和学

① 全国十二所重点师范大学联合编写：《教育学基础》，教育科学出版社 2002 年版.

校的努力程度，改变单纯强调结果不关注发展变化的做法。”[①]作为学校，必须结合教育方针政策和自身实际，进行深入研究和思考，形成自己的评价方式与体系。经过学习与研究，绿萝路小学逐步明确了评价的目的功能、评价的目标体系和评价的方式方法等，并以新课程改革为契机，让评价体系的改革在全校铺开。经过实践与探索，绿萝路小学初步构建了“促进学生全面发展、教师不断提高和课程不断发展”的评价体系，以增值性的生长评价为主，促进学生全面发展。结合学校的实践情况，绿萝路小学将对学生的增值性评价细化为以下三种类型：

一、基于信息技术的增值性评价

随着时代的进步和科技的发展，“互联网＋”成为当今社会发展不可逆转的新态势。身处教育改革的前沿阵地，我们应该与时俱进，积极寻求创新和发展，将现代信息技术运用到学生生长发展的评价中去。

（一）学生综合素质评价

学生综合素质评价系统是一种反映学生全面发展的网上评价系统，教师从品德发展、学业发展、身心发展、兴趣特长、实践能力这五个方面出发，对学生进行全面评价。其中，品德发展包括文明礼貌、诚实守信、乐于助人等 21 个评价项，涉及到个人修养、国家认同等多方面内容，重在引导学生树立正确的人生观、价值观，正确处理好个人、他人及社会之间的相互关系。学业发展包括课堂表现、学习方法、作业完成等 14 个评价项，旨在考察学生的基础知识、基本方法、技能的掌握情况以及知识运用能力和创新能力。身心发展包括审美情趣、文娱活动、生活习惯等 14 个评价项，通过对学生生活习惯、方式、自我管理、人际关系等方面的考察对学生身心健康进行评估和判断，从而做出正确的引导。兴趣特长包括好奇心、兴趣爱好、动手能力等

① 《教育部关于推进中小学教育质量综合评价改革的意见》，教基二[2013]2 号.

14 个评价项,更加关注学生的情感态度、潜在能力及表现力,既是对学生评价内容的补充,也是帮助学生树立信心、培养特长的重要方式之一。实践能力包括劳动技能、社团活动、综合实践等 9 个评价项,更加注重对学生校内外的实践活动的考察。从中不难看出,对学生的综合素质评价打破了以往成绩定输赢的格局,将学生的情感态度、基本技能、综合能力等多方面内容融入到了评价体系中来,变终结性评价为形成性评价,更加关注学生的发展过程。

综合素质评价由班主任和任课教师共同参与,每一个评价项有 1 –5 分的评价分数,教师根据学生在不同课堂、不同时间段、不同人物面前的表现情况选择合适的分数对其进行评价,颁发表扬勋章,最终根据每周的评价记录生成总分及等级。所有评价结果会在班级空间内公布,家长可查看空间详细地了解孩子在校表现,把握孩子的优势和不足,从而进行针对性训练,扬长避短,促进孩子的全面发展。在不同的环境下,孩子的表现是不同的,所以评价系统设有“家长评价”栏,家长也可以根据自己对孩子的观察了解对孩子进行评价,家校双方的评价有助于更加全面地了解孩子各方面的情况,及时发现问题并进行纠正,防患未然。

即时、细致、全面的评价能让学生能更好地认识自己、了解自己,从而明确自身努力的方向和目标,不断完善自我,促进自身的成长和发展;适时的肯定和鼓励会极大程度地调动学生的积极性,帮助学生树立自信,激励学生持续进步。总体来说,综合素质的评价能帮助学生快速定位,激励学生全面发展。在家校联系时家长有这样的反馈:“新的评价方式让我看到了和当初我们上学时不一样的评价和效果,学校不再以成绩为唯一的评价标准,反而更加关注过程,关注孩子在成长过程中一点一滴的进步。”这样的评价方式是孩子更加喜欢的,因为他们不用再为了几分、几十分的成绩而苦恼惶恐,因为他们一个小小的进步也会被肯定,这让他们对自己充满了信心和干劲,积极地寻求成长。当然,这样的评价方式也是家长更加支持的,因为我们在新的评价方式中更容易发现孩子的闪光点,看到他们的努力和进步,也能更好地认识自己的孩子，这样他们才能有方向，才能更好地促进孩子的进步和发展。学生综合素质评价系统实现了对学生更客观、全面的评价，促进了学生的全面增值。

（二）阅读能力测评

胸藏文墨怀若谷，腹有诗书气自华。阅读是获取知识和能量、了解人生的一种重要途径，也是培养学习兴趣、提升自身积累和修养的不二法宝。《新课程标准》也提出了“具有独立的阅读能力，学会运用多种阅读方法。有较为丰富的积累和良好的语感，注重情感体验，发展感受和理解能力”①的目标。可是对于阅读效果的评价却是存在明显的问题。学生到底有没有阅读？阅读了多少？阅读有哪些效果？这一系列的问题都是教师无法一一去检测评价的。基于现实情况，绿萝路小学引进了一款阅读软件，以解决阅读评价中存在的诸多问题。此阅读服务平台包含一套完整的阅读方案与阅读服务检测，集线下阅读与线上评价为一体，通过阅读跟踪的大数据分析对学生的阅读进行测评。学生通过“推荐书单”和导读选择适合自己的书籍完成阅读，然后登陆进行阅读检测，平台以图表的形式将检测结果反映出来，通过能力分析图，学生对自己的阅读优势和不足一目了然，了解自身在阅读过程中的问题之后，可以重复再读，再测验，直到达到预期目标。在反复的阅读训练中，学生的阅读能力、理解能力能得到不同程度的提升，思维也得到了延伸发展，实现了能力的增值。

当然，在学生的阅读检测过程中，教师也可以通过后大台数据详细掌握班上学生的阅读情况，对学生进行阅读指导。首先，教师可以根据班级整体阅读水平将适合班上学生阅读的书籍加入阅读书单并推荐给学生，对学生的阅读方向做出引导；其次，教师可以根据阅读任务分析中的阅读本数、字数、积分获得情况等数据了解学生的阅读进展，对表现较好的同

---

① 《新课程标准(2011 版)》.

学及时表扬，在班上树立榜样，对阅读进展较慢的同学加以提醒、督促，保证学生将阅读任务落到实处；再次，教师可以根据详细的阅读报告分析了解学生的认知能力、鉴赏水平及基本的语文能力，明确学生在阅读中的短板，便于对学生进行针对性指导和练习，从而帮助学生提高自身的阅读能力。

利用阅读平台的数据评价对学生进行指导和督促，有效地促进了阅读活动的开展，同时也帮助学生更加深刻地了解自己在阅读方面的优势与不足，从而扬长避短，促进自身阅读能力的提升。

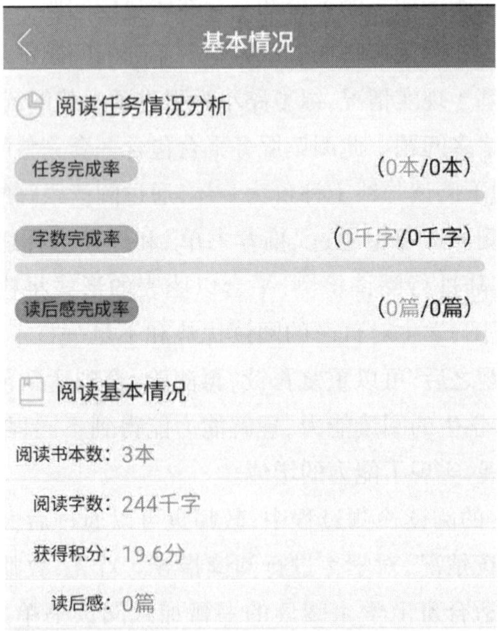

图 6.1　阅读任务情况分析

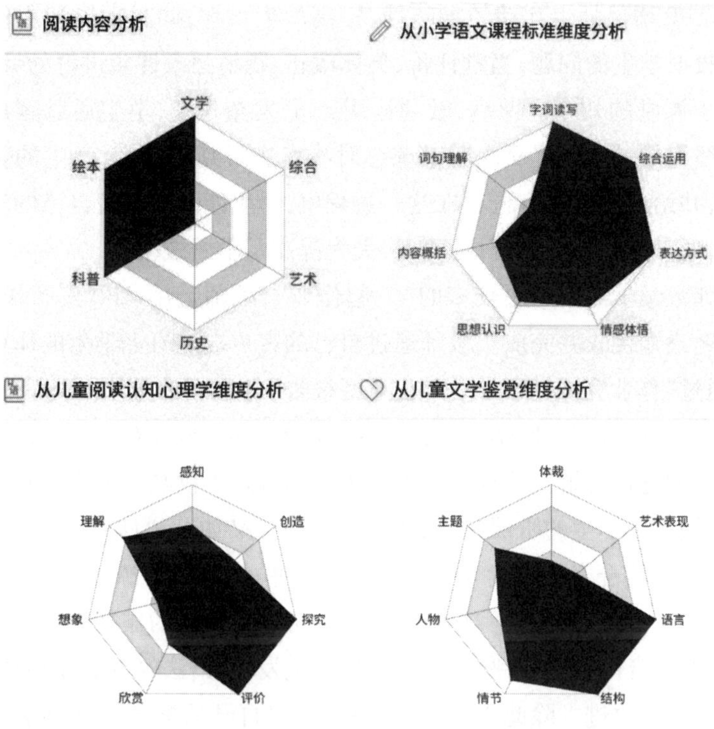

图 6.2　阅读质量分析图

（三）学习过程评价

随着“现代课堂”的研究和发展，越来越多的现代技术进入到课堂中来，对学生的评价起到了积极的促进作用。绿萝路小学的教师们也顺应时代潮流，积极探索，将教学 APP 运用到课堂之上，从课前预习，课堂练习，课后复习三个方面入手，通过了解 APP 上所反映的数据全面把控学生的学习状态，以期激发学生兴趣，提高学生学习效率，促进学生发展。

课前，学生根据要求自学，并在相关 APP 上进行预习情况自测，根据自测反馈找出自己预习时的难点内容，在课堂上进一步理解。课堂上教师利用教学 APP 增强师生互动的趣味性，提高学生兴趣，同时也能利用信息技术及时投射学生的问题，当堂评价，集体改正，既增强了课堂讲解的针对性，又提高了课堂的效率。课后，教师运用 APP 发布作业，学生通过客户端接收并在线完成、提交，提交之后系统会对答案进行判定，针对学生的错题分析原因，并给出答案及解析。在这一过程中，学生能及时了解自己的知识掌握情况，便于查缺补漏，针对性复习，大大提高了学习效率。

例如数学学习中运用较多的"一起作业"，教师运用 APP 发布作业，学生通过客户端接收并完成。教师通过自己的客户端对班上学生的作业进行检查，通过"作业完成情况"、"作业类型报告"等数据的记录了解班上同学的整体水平，把握班上同学的知识掌握情况和错因，再针对全班错误率较高的题目类型进行讲解。这种抓住重点讲解的方式不仅减少了教师和学生的负担，也提高了学生的听课效率，实现了双赢。又如英语课堂上使用的"英语趣配音"。趣配音中包含丰富的电影、歌曲、动漫等资源，学生可以选择自己喜欢的内容为其配音。配音完成之后可以将自己的作品直接发送给教师，教师对配音内容进行评价，随时指出学生发音、语法等方面存在的问题，引导学生进行改进。除此之外，学生也可以将自己的配音作品分享到各类社交网站，与广大配音爱好者相互评价，相互交流配音心得，在提升自身口语水平的同时也能提升学生与人交往的能力，实现学生知识技能和社会性的双重提升。当然，像这样摆脱枯燥的背单词、背文章，走进轻松又好玩的配音学习社区，通过配音练习来学习英语、提高口语水平和听力的方式更能的到学生的接受和喜爱，大大提高了学生学习英语的兴趣和自主性，让学生在情感态度方面得到增值。为了培养学生的朗诵能力，经过教师们的试用和推荐，"为你读诗"APP 也被运用到了语文课堂之上。"为你读诗"含有大量的中外诗词，由各界知名人士配乐朗诵，学生可以在 APP 上自由选听各类不同风格的朗诵，并在此基础上自选音乐和诗歌进行朗诵录音。录音完成后可上传至个人空间，和其他朗诵者相互切磋交流，然后教师再利用语文课堂让学生分别进行展示，相互点评，以提升学生的朗读水平。在整个录音过程中，学生不仅可以通过反复的聆听和练习提升自己的朗诵水平、理解能力，也潜移默化地进行了诗歌的积累，提升了自己的文学素养。

将信息技术作为评价手段之一不仅方便快捷，也能及时对学生进行反馈，为学生的自我提升提供更多空间。

二、基于多元活动的增值性评价

2014 年 3 月，教育部印发《关于全面深化课程改革落实立德树人根本任务的意见》，提出了“核心素养”概念，且将之置于深化课程改革、落实立德树人目标的基础地位。如何使“核心素养”进一步在课程改革中得以落实，如何使“过程与态度”“情感态度价值观”这些“软目标”和“知识与技能”的“硬目标”受到同样的评价重视，如何改变“过早聚焦分数、过度依赖纸笔测验”的评价思维，以核心素养的评价为导向，摒弃单科知识能力单一维度的考试，把语文、数学、音乐、美术、体育、科技、公民等学科素养融入生动、轻松的游戏大情境，又把知识能力与生活运用相整合，与表达沟通、言行得体等综合素养相整合，成为绿萝路小学思考的重点。在不断的研究和探索下，学校将各种活动加入到评价项目中来，形成了基于活动的生长性评价。

（一）基于学校特色活动的评价

为了促进学生的多元发展，结合学校“自然的生态、自由地生长”这一办学理念和各种时令节日，学校每年都会举办“阅读节”、“新春音乐节”、“英语节”、“淘宝节”等大型校园活动，给学生提供足够的展示平台。每一次活动都由学校统筹安排，再分班、分小组策划准备，最后进行展示，这给了学生极大的自主发挥空间，也给学生提供了全方位的进步空间，让他们能在不同的活动中找到自己的闪光点。每一次活动，都是对学生思维能力、动手能力、人际交往能力、知识运用能力的一次测评，学校根据活动内容设立一系列奖项，对活动中表现突出的同学进行表彰，树立榜样，引领全校学生共同进步。教师通过观察了解学生，发现学生的的变化和进步并及时对学生进行评价反馈，帮助学生树立信心，争取更大的进步。

在众多活动中，最受学生们欢迎的就是“淘宝节”了。淘宝节定在每年的 11 月 11 日举行，由学生收拾家里的旧物到学校摆摊售卖。一位家长说：“一年级时，他们随心所欲，有什么买什么，往往都是花大价钱买些作用不大的“废品”；二年级时，开始有讨价还价的意识，但却没有规划，手里有多少钱都能花光；到了三四年级，他们逐渐学会掌控好自己的钱包，只买需要的东西，活动结束后会略有盈余；上了五年级，他们开始进货批发，再转手卖出，让自己大赚一笔；最后到了六年级，不仅能熟练地砍价推销，还能发挥自己的聪明才智，发明一些有趣的道具进行抽奖环节，提高自己店铺的知名度。”在看似简单的买卖过程中，学生的财商得到了明显的提高，为了让自己的商品卖出去，让自己有钱赚，学生们不得不想尽办法推销交流，他们的思维能力和人际交往能力也在不知不觉中得到了提升。当然，在活动中我们也更能看到学生们新的闪光点，这往往能打破他们留给家长和教师们的固有印象，而在这一基础上在对学生进行评价，更能正面引导学生，发挥评价的积极作用。爱玩耍、喜好热闹是孩子们的天性，了解他们的爱好和需求，再将其融入到多元的活动之中，寓教于乐，会让孩子有不一样的收获。

每一次活动之后，我们也会大量回访家长、学生和教师，认真听取大家的意见和建议，及时修正，争取让每一次活动都有意义。一位三年级的小女孩在和教师聊天的时候这样说道：“我很喜欢学校的活动，又好玩又能学到东西。我喜欢阅读，最喜欢学校的阅读节活动，让我认识了很多爱阅读的哥哥姐姐。他们都很厉害，诗也写得好，我要向他们学习。我现在每天都坚持阅读，认识的字越来越多啦！而且爸爸妈妈看到我读书也会和我一起读，我们经常读同一本书，然后交流书的内容和读完的感受，感觉我又学到了很多东西。”像这样充满正能量的自我评价还有很多很多，我们欣喜地发现，减少冷冰冰的测验、规则，将评价寓于特色活动之中，我们总会发现不一样的学生。丢掉课堂上的条条框框，丢掉刻意的严肃之后，他们更加积极开朗，总是有想不完的金点子，总是有我们意想不到的闪光点。将评价寓于活动之中，我们能更全面、更公正地去认识每一个孩子。

（二）基于创新作业的评价

教育部在《小学生减负十条规定》中明确指出："小学不留书面式家庭作业，可布置一些适合小学生特点的体验式作业。"为响应号召为学生减负，同时又让学生学生巩固所学、学以致用，学校教师积极探索，出谋划策，创意作业的方案应运而生。学生利用身边一切可以利用的素材完成创意拼音的DIY，在九宫格上展现自己的想像力、逻辑推理和创新思维，用识字小报、汉字拼图展示自己在生活中识字的成果，用思维导图展现自己天马行空的创造力和富有逻辑的缜密思维......教师通过创意作业对学生们的知识掌握水平及运用能力、思维能力、动手能力进行评价，同时也引导学生们互相讲解、品评，评选出每一次的优秀作品，作为奖励，这些作品最后会在学校集中展出，向全校师生展示小作者的奇思妙想。

和单一枯燥的读、背、写作业比较起来，创意作业更能激发学生的兴趣，化被动为主动。一个一年级的小朋友这样说："我觉得创意拼音的作业好有意思，我可以用没用的线头、布头、纽扣来做拼音字母，妈妈说这叫废物利用、变废为宝，我还在家里和爸爸妈妈比赛找各个地方出现的字母，找一遍我就都能记住啦！"也有四年级的同学对他们的思维导图做出了评价："一开始接触思维导图觉得很难，但是教师讲解示范过之后我们发现思维导图真的是方便又实用，无论多复杂的关系，都可以用思维导图来表示，既清晰又简洁。而且每个人想法不同、画出来的思维导图也不一样，相互交流的过程其实也是我们丰富自己的过程，这种感觉挺好的。现在我们都喜欢用思维导图。"抛去单一的、只能看到结果的书面作业评价形式，重体验、重过程的新的评价方式更能让学生将思维和行动结合到一起，不断碰撞出新的火花。

（三）基于期末检测改革的评价

2016年9月，绿萝路小学立足儿童视角，推行一年级双班主任“包班教学”改革。在一年级的学科课程中，学校打破了各学科间森严的壁垒，率先实现学科间的整合，将语文、数学、音乐、体育、美术、公民等学科通过主题综合实践活动进行整合，淡化学科界限，由传统教学单一枯燥的学科测试转化为丰富多彩、充满挑战的游戏化生活。课程的变革使得学期末学生综合素质测评应运而生，一年级打破传统考试方式，学生期末考题由纸质试卷变为名为“秋收冬藏蜜糖节”的闯关游戏，邀请家长共同参与，把各科目相互融合，以活动的形式对学生进行综合评价。

“秋收冬藏蜜糖节”以活动的形式代替考试，不仅减轻了学生和家长的压力，也提升了学生的兴趣，化被动为主动，让学生愿意参加活动。同时，此次活动从品德发展、自理能力、动手能力、创新精神、知识技能、运动能力、表达能力等多个维度对学生进行了评价，促进了学生的全面发展，也得到了教师、学生、家长们的高度认可。一年级的教师纷纷表示，活动让学习不再是件枯燥的事情，孩子们的学习兴趣有了大幅提高，各个科目中的知识点在实际应用中得到了体验而不再是枯燥的书本教育，让孩子们带着知识疑问走向了应用实践，让家长们也看到了孩子们综合素质的提高。参加活动的家长表示，这种游戏化的测评方式形式新颖，通过游戏的方式消除了孩子期末考试的紧张，大家都乐在其中，也提高了孩子学习的主动性。同时在游戏中运用课本知识，既考查了孩子的学习能力，又契合该年龄段小朋友的心理特点，寓教于乐、学以致用，不计分数、让孩子们放下了心理包袱，快乐成长。

活动案例：秋收冬藏蜜糖节

活动一：叮当猫的苹果园

考察学科：《生态好市民》、美术、数学、语文

考查知识点：环保意识，美术手工，数学20以内加减法，语文简单

生字认读。

考察准备:果园小卫士10人,家长评委10人,10台IPAD,扑克牌10副、苹果树PPT。

活动规则:

1. 准备变废为宝手工作品小礼物,将礼物送给叮当猫,进入苹果园。

2. 随机抽取两张扑克牌进行口算(两组加法,两组减法)。

3. 计算结果完全正确者进入“苹果树认汉字”环节,每颗苹果树上有词语10个,读词点击鼠标摘苹果。

评价标准:

1. 手工制作区分两个维度:3颗星和2颗星。使用环保材料并有创意的记3颗星,使用环保材料完成作品记2颗星。

2. 口算卡,抽取4次。算对2题1颗星,以此类推。

3. 认对5个字1颗星,以此类推。

活动二:米奇妙妙屋

考察学科:语文、数学、自理能力

考察知识点:语文阅读、数学比多少、系红领巾生活自理能力

考察准备:米奇小考官10人,家长评委10人,故事材料纸10份、红领巾10条。

活动规则:

1. 正确系好红领巾,整理好衣冠,方能进入米奇妙妙屋。

2. 随机抽取一篇故事读给米奇听。

3. 根据故事内容回答问题。

4. 数一数,故事里有几个逗号、几个句号,谁多谁少,少几个。

评价标准:

1. 能够整齐熟练佩戴红领巾2颗星,反之1颗星。

2. 正确读完故事内容2颗星,读出部分1颗星。

3. 问题回答完整流畅逻辑性强2颗星,回答部分问题1颗星。

4. 正确完成数一数、比一比的任务2颗星,完成部分1颗星。

活动三:小黄人蜂蜜大战

考察学科:体育、数学、语文

考察知识点:接力练习、计算练习、连字成句、合作能力。

考察准备:小黄人考官10名、家长考官2名、10台IPAD、算式铭牌10套、蜂蜜字卡20份

活动规则:

1. 10人进场,每个学生背后贴上算式铭牌。

2. 通过计算结果,算式结果一致的分为一组。

3. 小黄人接力运蜂蜜字卡,10张字卡,每人运两趟。

4. 听口令开始将运到终点的字卡排成一句完整的句子。

评价标准:

1. 分组最快的每人2颗星,稍慢1颗星。

2. 小组接力获胜组2颗星,稍慢组1颗星。

3. 排成句子最快速的记2两颗星,稍慢的记1颗星。

活动四:超级歌唱家

考察学科:音乐、数学

考察知识点:唱歌、表演、认识钟表

人员准备:超级考官、家长考官各10名、IPAD10个、钟表5个、音乐PPT

活动规则:

1. 每组10人,听音乐,齐唱校歌。

2. 听音乐唱歌,可随音乐自编律动表演。

3. 进入时间长廊,指认钟表时刻两次。

评价标准:

1. 会唱校歌每人记1颗星。

2. 能够完成三首歌曲演唱并有律动表演记3颗星，仅能完成歌曲演唱记2颗星，部分完成歌曲演唱记1颗星。

3. 两次时间指认准确无误记2颗星，仅能正确指认一次时间记1颗星。

从案例中不难发现，每一个考核项目都有不同梯度的评价标准，对于能力、知识掌握程度、特点各不相同的学生来说，这样有差别的评价无疑是更加公平也是更为合适的。在活动过程中我们能准确地把握不同学生的兴趣点和特长，也能清楚地了解到不同孩子的层次及其进步方向，这既是教师们后期教育教学的重要凭据，也是家长全面了解孩子的有效途径。

新课程改革提出，评价不仅要关注学生的学业成绩，而且要发现和发展学生多方面的潜能，了解学生发展中的需求，帮助学生认识自我，建立自信。在不断的实践中我们发现，增值性学生评价不同于传统的评价方式，其多元的活动和新颖的评价方式就要求学生必须动脑思考，选择最有新意的方式去表达自己的想法，同时要自己动手，将自己的想法展示在众人眼前。在此过程中，学生的思维能力、创新精神、动手能力都将得到不同程度的提升。评价方式的多样就注定了学生不能再单靠死记硬背、考试分数来展现自己，各式各样的展示方式、花样翻新的创意作业、丰富多彩的特色活动使得学生的思维从各种习题的束缚中解脱出来，变得更为发散和活跃，各种实践活动也让他们将握笔的手投入到作品制作中去，变得更加灵活。可以说基于多元活动的增值性评价是帮助学生认识自我、发挥潜力，让学生全面提升、快乐成长的重要方式。

三、基于长程观察的增值性评价

新课程改革催发了新的评价观，指出评价是一个过程——教育的过程、发展的过程、共建的过程、充满人文关怀的过程。这便决定了对于学生的评价必须是一个长期的过程而非一时的观察结果。

(一) 有序推进,帮助习惯养成

"习惯"是指积久养成的生活方式。马克·吐温曾说,"习惯就是习惯,谁也不能将其扔出窗外,只能一步一步地引下楼",这就表明了学生习惯的养成需要根据学生的生长发展规律进行长时间的引导,必须经历长期的跟踪观察和评价监督才能有效果。为了帮助学生养成良好的习惯,绿萝路小学从细节入手,以主题班会、校园文化、班级文化、国旗下讲话为抓手,积极为学生习惯的养成营造氛围;制定阶段性目标,通过对学生长期的、层层递进的评价让学生化被动为主动,最终将好的习惯内化于心,成为自己的日常行为规范;树立榜样,通过优秀个人、班级的评选加强驱动力,让学生之间相互影响,促进习惯养成结果的稳固和延伸。

例如为了让学生形成排队的习惯,从小培养学生讲秩序的意识,绿萝路小学深入开展了一系列的"排队与礼让"教育活动,让讲文明懂秩序深入学生心田。活动一开始,学校通过升旗仪式宣讲文明排队的重要性和必要性,随后各班开展"排队与礼让"的主题班会,以手抄报、排队儿歌等多种方式帮助学生树立排队与礼让的意识,随后将文明排队深入实践,以一个月为周期,以学生放学排队情况为观察点,设立长程评价标准,对学生、班级进行监督和评价:

第 1 周,评选"有秩序的班级"。标准:五天放学都能排队下斜坡的班级。

第 2 周,评选"最有秩序的班级"。标准:从班级集合开始,到放学下斜坡都能一直做到慢步轻声有秩序的班级。

第 3 周,各班评选 1—3 名"排队小标兵"。标准:课间、上厕所、喝水、看书、打球、进办公室能做到慢步轻声有序,不争不占不抢临时性的位子;上下楼梯时,慢步轻声靠右行,生活细节中,找教师批改作业、谈话都能自觉排队;校外生活中,排队上公交,排队买东西……

第4周，各班自由申请“白鸽中队”。标准：班级排队、礼让精神佳。班级呈现出处处讲礼让，时时有秩序的良好风貌。年底，赠予优秀班级荣誉奖牌——“白鸽中队”。

最后在升旗仪式上举行隆重的颁奖仪式，给表现优秀的班级和个人颁发奖状，树立榜样，让自觉排队的意识更加深入人心。

文明与礼让，排队与秩序，是通过长程观察对学生进行评价以促进学生行为习惯养成的一种有效尝试，事实上不只文明排队，任何习惯的养成都是需要长期观察评价来促进的。

（二）行为银行，促进品行修炼

陶行知先生说过：“千教万教，教人求真；千学万学，学做真人。”学校作为教育的前沿阵地，就该以教会学生做人为最终目标。然而，要实现这一目标单靠课堂上的教学是远远不够的，对于学生道德品质的培养必须延伸到课堂之外。为促进学生的长远发展，绿萝路小学建立了记录学生品行发展的行为银行。

“品行”即学生的品德和行为，“银行”即管理金钱的机构，这两个完全不一样的概念，却被绿萝路小学完美地结合在了一起，将学生的品德和行为用银行的模式进行规范，既为学生储蓄好习惯，又让学生学会合理理财。

每学期开学时学校就会让学生在自己的绿萝存折上定下彰显品格教育的“九九八十一个好习惯之我的小目标”，这个小目标要根据：礼貌、做人、卫生、饮食、阅读、安全、运动、劳动、学习这九个方面分别自行制定。在制定目标时教师会引导提醒，以保证学生在订立目标时考虑自己的实际情况，既要高于目前自己的能力范围，又要能通过自己努力能够达到要求。以最简单的礼貌为例，低年段的学生可将目标设立为知道常用的礼貌用语，养成良好的坐立行习惯，中年段学生可将目标设立为掌握问候、致谢或致歉等礼貌用语，掌握微笑、鞠躬、点头等常用体态语，高年段学生则可将目标设立为学会倾听他人，了解餐桌上的基本礼仪：根据学生的年龄特征和具体情况，层层递进。目标制定好后由父母、同学和教师一起来讨论调整,确定之后学生便以此为标准实现对自身的评价。

为了让学生愿意接受这种评价并能引起学生的重视,我们以学生、教师、家长为评价主体,通过学生在班级、学校、家庭的表现对其进行全面评价,最终形成家校合作的评价体系。在班级:每周班会时间同学们都会在班主任的带领下根据自己的目标进行自评和互评,以评价结果为依据获得珍贵的"绿宝章"。在校园:凡是有弯腰捡起垃圾、用心制止不文明现象等得到同学们认可、教师赞扬的做法,都能收获"绿宝章"。在家里:父母对孩子进行评价和督促,向班主任反映学生的突出表现,班主任教师考查核实后也能奖励学生珍贵的"绿宝章"。每个班级都有着专职的银行账户管理人员,他们会履行职责,做好十枚"绿宝章"兑换"绿萝币"一张,四张"绿萝币"兑换"木质级"证书,每多获两张"绿萝币"兑换更高级别的证书一张的工作。(证书分别为:"木质级"、"古铜级"、"白银级"、"黄金级"、"铂金级"、"钻石级")当然,除了兑换证书,"绿萝币"还可以在每学期一次的跳蚤市场直接流通,可以收获最爱教师的赠言,可以帮助学生获得"校长助理""教师助手"的机会,甚至可以争当"礼仪队员"、"大队委"、"优秀少先队员"、"美德少年"等等。

评比的目的不是给学生贴上"好"或"坏"的标签,而是关注孩子习惯养成的投入度、成长值,以科学引导促进学生思想、品质、素养的发展和完善。因为有了"绿萝银行",我们便能做到天天有记录,周周有评比,在习惯评比中促进好品行的养成。

(三) 多元"绿萝迷",助推特长发展

国家中长期教育改革和发展规划纲要(2010 – 2020 年)》指出要"关心每个学生,促进每个学生主动地、生动活泼地发展,尊重教育规律和学生身心发展规律,为每个学生提供适合的教育"①。美国教育家、心理学家霍华

① 《国家中期教育改革和发展规划纲要(2010 – 2020)》.

德·加德纳也在“多元智力理论”中指出:每个人都至少具备语言智力、逻辑数学智力、音乐智力、空间智力、身体运动智力、人际关系智力和内省智力,这都充分说明每一个学生都需要发挥自己的特长,多元发展。为了引导学生热爱生活,鼓励学生坚持并发扬自己的特长、个性发展,绿萝路小学从建校开始便开展了“绿萝迷”的评选工作,以期通过此项评价让学生找到真正属于自己的舞台。

“绿萝迷”以学生的兴趣特长为出发点,设有“京剧迷”“阅读迷”“钢琴迷”“集邮迷”等众多项目,凡是有痴迷的爱好,能持久努力,且在班级内或社会团体内有一定影响力的孩子们,均可报名参加评选。报名成功的同学将会在学校提供的平台展示自己,接受全校师生的考察。考察结束后,学校会选择最具有代表性、影响力的同学进行表彰,将“小小迷”们的简介做成海报张贴在学校楼道走廊中加以推广,激发同学们的荣耀感和积极性。为确保活动的有效性同时也考虑到孩子们的成长规律,“绿萝迷”的评选以学年为周期,每年一次,给孩子们足够的时间成长和展现。每年都会有不一样的人选突出重围,成为全校同学争相学习的榜样,也总会有人刻苦训练,在自己的专长方面持续进步,蝉联“绿萝迷”的称号。在活动采访中有人说“我一直喜欢弹钢琴,为了参加评选,我每天都抓紧时间练习,有时甚至要弹一曲之后再去睡觉”;也有人说“我学习成绩不够好,但是爱看书,尤其是科学类的书,所以教师就鼓励我申报‘阅读迷’,还让我在班上、学校分享我在书上学到的知识。现在很多同学都认识我,还经常和我交流读书心得、科学知识,我觉得很开心也更有自信了”;还有人说“我看到那么多同学都在努力练习,都在进步,觉得自己也应该追求进步”;更有人说“一开始我挺喜欢弹钢琴的,后来觉得每天练习既枯燥又累,慢慢地便松懈了。可是在‘绿萝迷’的评选展示中我听着同学们弹奏出的优美旋律,觉得或许我自己也可以,于是我又重新拾起了对钢琴的热情坚持到了现在。我现在觉得坚持练习好像也没有那么难,只有付出了才会有收获。”……小小“绿萝迷”的评选,让家长和教师们看到了一群更加自信、坚强的孩子,他们就像绿萝一样，正在顽强、茁壮地生长。“绿萝迷”的评选基于长程观察对学生进行评价，给学生提供机会和舞台，提高了学生学习的积极性，也提高了学生之间的相互影响力，促进了学生多元化、个性化的发展和专业能力的提升，同时也引领了学生的价值取向，让学生在整个评选过程中更加坚韧顽强，收效甚佳。

小小“集邮迷”

罗宇飞是六年二班的学生，沉稳内敛的他是一个不折不扣的“集邮迷”。他痴迷集邮，手中有厚厚几大本集邮册，只要讲起邮票故事来就如数家珍。为了让罗宇飞展示自己的才华，学校教师努力为其搭建平台，利用班会、国旗下讲话等机会让他向同学们介绍邮票，讲解小小邮票背后所蕴含的悠久的历史和丰富的文化。同学们被他丰富的知识所折服，在他的影响下，班上越来越多的同学对邮票、对中华历史文化感兴趣，他们结对互学，积极探索研究，掀起了一股历史文化学习的热潮。作为一名资深的集邮爱好者，罗宇飞从不藏私，只要有同学来请教相关问题，他总会耐心讲解，大方分享，一度成为同学们中的人气大王。通过展示考察，罗宇飞得到学校师生的一致认可，获得了“集邮迷”的荣誉称号。然而这只是罗宇飞荣誉之路的开端。在一次市邮票展览上，他向参观者介绍参展邮票，很多成人都未必知晓的知识他却说得头头是道，这让当时也在现场的湖北省集邮协会会长大吃一惊，感慨欣喜的同时当即决定让罗宇飞担任形象大使，他也因此成为了省集邮协会年纪最小的会员。

罗宇飞成为省集邮协会会员的事情迅速传播开来，在全校师生中引起了强烈反响，同学们纷纷以他为榜样，坚持发展自身特长，为学生的特长发展添加了新的动力。

“增值性的学生评价融合了发展性评价和总结性评价，它不仅注重学生的最后学习成果，而且强调测定学生的进步情况，体现了调动学生学习的积极性”。[①] 实践证明，增值性的生长评价真正体现了以人为本的理念，从学生的实际情况出发，以促进学生的成长为目标，更加符合学生生长发展的需要。增值性的生长评价关注的是学生的成长过程，通过多维度、多元化、活动化、个性化的评价让学生实现情感态度、综合能力等多方面的增值，从而促进学生全面发展，自主成长。“这种学生评价方式由于考虑到学生成就获得的累计效果，因而比传统学生评价制度更为公正”[②]，进一步凸显了教育的公平性，将评价的激励作用和促进作用发挥得更加彻底。

第三节　教师发展的增值性评价

《国务院关于加强教师队伍建设的意见》要求“健全教师考核评价制度……严禁简单用升学率和考试成绩评价中小学教师”，这便要求对教师的评价必须更为全面、多样化。为了通过更加公平、有效的评价激发教师的积极性和自主性，促进教师的成长，学校积极探索实践，最终形成了对教师的增值性评价。

“增值性教师评价是定位在既定目标与实际结果之间的一个比较的过程上的评价模式。这种评价能够通过某种手段和技能，测量出既定目标的达成程度，从而能有效提升教师的教学实践水平，实现学生的成长需求。”[③] 关注了教师付出及收获，对于教师来说无疑更加公平。在了解了教师的增值性评价之后，结合学校实际情况及教师个人发展需要，将增值性评价引申为：通过教师个人的增值情况（专业能力、水平的发展、个人素质的提高等）

① 刘志春，吕宏伟. 增值性学生评价探析[J]. 现代教育论丛，2010，(4).
② 孙静. 当前美国中小学教师评价的主要方法[J]. 外国中小学教育，2007，(7).
③ 庞威. 美国中小学增值性教师评价研究[D]. 西南大学，2009.

对其进行评价，并以评价结果为依据，进一步促进教师个人的发展和进步。这种新型的评价方式更加关注与教师的个人成长，对比于传统的以学生成绩、升学率定输赢的评价方式，更符合教师发展的需要，也更能调动教师个人的积极主动性，从而发挥评价的作用。

一、基于学校价值观的增值性评价

价值观是一个学校的DNA，是学校的文化基础。教师之间应该具有广泛共享的价值观和目的观，具有共同的专业语言，以及使所有学生都发展的承诺和责任感，这样教师们才能为了共同的教育理想而共同协作和学习。在此认识上，学校根据自身实际和实践经验，制定了以“尊重、公平、合作、创新”为核心的价值取向，并将其融入教师评价之中，以期让全体教师在实践考核的过程中对价值观的理解达成共识，激发教师对价值观真正的认同和尊重的过程，最终促使全体教师在工作当中始终如一的体现出来，促进教师的成长，使其在“点燃梦想”这一使命的感召下不断地为社会贡献自己的智慧和价值。

尊重他人是最好的修养，价值观提出的“尊重”，就是要尊重学生、尊重家长、尊重同事、尊重领导，无论对方身份，职位高低，均平等对待，欣赏和感谢。能够体谅学生需求，理解学生、家长和学校多方的需求，平衡不同需要，努力实现共同愿景，站在学生的立场思考问题，提出解决问题的办法，最终达到学生、家长和学校都满意。“公平”就是要接纳每一个学生，成就每一个学生。教育公平的目的在于追求个体自由全面的发展，“让每一个孩子都对自己有信心、对未来有希望”，让每一个孩子都有梦想，并能为梦想而努力。“合作”即荣辱共担，协作共赢。合作是个人与个人、群体与群体彼此相互配合的一种联合行动。教师合作是指在日常工作和生活中为了共同的教育目标形成的一种相互开放、相互依存、相互信赖、支援性的同事关系，从而形成的成长共同体。我们处于变化的时代，这便要求我们拥抱变化，迎接变化，勇于创新。从日常工作的小变化，到教育大变革；从传统教学方法到现代教育方式的改变；从被动接受变化到在工作中主动创新等皆属于创新的范畴。“创新”意味着做别人想做没做的事情，做别人做了没做好的事情，做别人想也没想过的事情。拥抱变化不仅仅是被动地接受一些变化，更高的境界是在对工作充分了解的情况下能够采纳更富有创新的解决方案，并在自主变化创新的基础上影响和带动同事，使团队氛围积极向上，团队成员共同进步。

整个融入学校价值观的评价考核以五分为限，每一个分数等级对应其相关要求，在对教师进行评价时实行通关制，即大家应该首先做到较低分数的条款，然后进阶至较高级的条款，依此原则，若较低分数未能做到，则没有机会进阶；体现了更高的一个要求和优先级。

价值观考核细则一经实施，得到了良好的反响。教师们纷纷表示，在细则对照下，他们能更好地反思自己，从而清楚知道自己的不足和努力方向，争取更大的进步。也有教师指出，分值的细化使得他们不会因为某一小点没有做好而受到全盘否定，他们可以有计划地一步步努力，争取更大的进步。价值观考核细则遵循层层推进的原理，通过教师们的进步和发展来对教师进行评价，评价的结果又进一步促进了教师综合素质的提升，不仅充分发挥了评价的激励作用，也实现了增值的良性循环。

二、基于分层成长的增值性评价

教师从踏上岗位到适应岗位再到可以胜任岗位需要时间的沉淀和检验，需要成长的过程。在每一阶段，教师们所要学习的内容也不尽相同，对其评价也不能一概而论，都需要根据不同教师所处的层次进行规划，根据教师的需求提供成长平台，充分调动教师们的积极性，促进不同层次的教师的专业发展。基于此，学校决定对教师进行分层培训，实现教师的分层成长，并在此基础上对教师进行评价。“分层培训作为促进教师发展的一种新理念，实际上是在师本基础上提出来的，他充分兼顾了教师自我职业成长和教师专业发展的双重需求，是一种促进教师快速成长的培训方法。”①学校的分层培训主要有两种类型，一是能力分层，根据青年教师的成长需求为其安排师父，师徒结对，实现教师间的帮扶互助；二是兴趣分层，根据教师个人意愿划分项目研修小组，将志同道合的教师们聚集到一起进行专题研究，促使教师团结协作，共同成长。

（一）师徒结对，促进青年教师成长

师徒结对是学校一直以来坚持实践的一种形式，也是对青年教师进行增值性评价，促进青年教师不断成长的重要方式。学校每学期都会给新进的教师安排一位经验丰富的师父，选定一个时间举行师父结对仪式、交代师父结对的详细流程。师徒二人互相听课，按照“以学评教、以教促学”的课堂评价方案，师父以行为的主体是学生而不是教师，师生、生生之间保持有效互动；教学内容选择与组织要科学合理，教师能创造性地使用教材；学习材料、时间和空间得到充分保障；学生的自我监控和反思能力得到培养；以学生发展为本，关注个体差异，使学生获得积极的情感体验这五项为标准，对徒弟的课堂进行进行记录和即时评价。师父每月对徒弟在这一阶段的情况分析和总结，及时反馈，定期指导，以促进徒弟在课堂教学上的进步和发展。每学期结束时青年教师需要上一堂汇报课，接受学校的考核和检验。当然，师徒结对不仅仅局限于教学，在班主任管理上也会运用此种方法。有经验的优秀班主任和新手班主任结对互助，师父们在班级管理，学生教育、引导，家长交流沟通等多个方面对徒弟进行指导，再通过每月的班级考核及师父的评价记录对新手班主任们进行综合评价，每学期结束时召开班主任会议，总结各自的工作亮点，反思不足，交流经验教训，促进共同进步。当然，学校的评价不仅仅针对徒弟教师，而是进行师徒捆绑式评价，对于师父教师的引导，学校也会及时记录

① 姚君. 分层理念下教师专业发展培训研究[J]. 教学与管理. 2016.

并根据过程中形成的资料以及徒弟教师的成长效果对师父教师进行考核。这样的捆绑式评价有效地促进了师徒结队活动的落实和开展。

师徒结对的形式有力地促进了青年教师的成长。在师父的指导和督促下,刚刚踏上岗位的年轻教师们实现了从站上讲台不知从何讲起、无法确立教学目标、抓不住教学重难点到目标明确、能完整流畅地上完一节课的转变。在实践的基础上他们及时总结反思,每月撰写教学反思、教育叙事,以促进自身进一步的发展。随着自身的进步和积淀,不少年轻教师挑战自我,积极参加优质课竞赛,荣获市、区荣誉;也有人总结经验撰写论文并获得省级奖项;还有人发挥自己的特长,钻研微课制作并荣获国家级奖项……年轻教师们正在师父的带领下,在自身的努力中快速成长。

关注年轻教师的成长过程和进步幅度,在此基础上再对其进行评价,使得整个评价更为公平有效。

(二) 项目研修,学校教师抱团成长

教师项目研修,是一种自组织学术研修活动。把教师在日常教育教学过程中遇到的问题,及时梳理、筛选和提炼,使之成为一个项目,并展开扎实的研修。项目研修促使教师经历教育教学问题的发现、反思、解决的过程,有助于教师解决当下教育教学中的迫切问题,提高教育教学质量,帮助教师个人积累实践经验,丰富和提升实践智慧。

学校的项目研修以“小切口、重过程、有实效”为基本特征,以“问题即项目、对策即研修、收获即成果”为基本理念。根据教师们的需求和兴趣,学校开发了 STEAM 课程、阅读教学、家庭教育、智慧课堂、入职导师、体育联盟六个研修项目,教师根据自身兴趣自由组合,形成项目小组,通过确定问题、学习文献综述、实践讨论、总结反思、修改方案等步骤完成自己组内的研修任务,最终形成教学案例设计稿,听、评课稿,教育案例,教育故事,课堂教学实录,研修小报告,访谈记录等成果,也可以收集沙龙材料,学生作品来展示组内的研修过程,甚至可以制作音像作品,图表、教具等实物。每一次

的研修都是全员参与分享，组内成员轮流主持记录，学校中层领导也参与研修活动，并从参与度、研修实效、后期改进方向等多个方面进行评价和指导以促进研修小组的进步和提升。学期结束时先由项目小组内部成员互相评价，总结同伴在一学期的研修过程中的进步，指出不足及还需努力的地方。然后每个研修组团结协作，对自己组内一学期的研修工作面向全校进行总结和汇报，再由学校对其进行综合评价考核。

阅读教学是众多研修项目中的一个，从公布研修项目开始，一群对阅读教学有着别样热情和想法的教师们便组合到了一起，共同开展阅读教学研究。研修以确定研究主题、制定计划、理论学习、课堂实践、研讨总结、再实践为主线，以年段为单位进行，旨在让教师们明确如何进行阅读教学，让学生通过阅读课掌握阅读方法，表达自己的阅读感受，确有所得。在第一次研讨会上，项目组的教师们便确定了以年段组为基础，进行绘本教学、童话教学的主题研究，同时为各年级的学生推荐书目，让学生提前熟悉。随后，项目组的教师们收集资料、查找文献，进行深入的理论学习，并在研讨会上交流探讨，总结教学方法。紧接着，教师们利用阅读课实践教学，项目组内教师互相听课记录并及时评课研讨，指出课堂上存在的问题，供执教教师参考改进，执教教师经过反思调整之后再实践。这样的项目研修目标明确，过程扎实，一学期下来，教师们对阅读教学有了更深刻的了解和体验，学生也在阅读课上收获颇多。学期结束之时，学校根据项目组研修过程中留下的资料、阅读课展示、项目组汇报情况对组内教师进行综合评价，既考虑到了教师们的参与度，也兼顾了教师们的发展和进步，大大激发了教师们的学习兴趣和研究热情。

项目研修使得有相同兴趣的教师聚在一起，打破了教师的专业个人主义，使教师形成一种开放的视域，由“管理”向“服务、引领、对话”的方向转变，形成以“共享”为内核的学校价值观文化，促进研究共同体、项目协同体的形成和发展，使得教师们能抱团成长，共同进步。

“教师评价的根本目的，简单来说就是通过科学评估教师工作业绩，让

图 6.2　绘本阅读研讨课《爷爷一定有办法》

图 6.3　家庭教育项目研修

教师明确自己工作的利弊得失,进而有针对性地进行教学改进,从而更好地发挥教书育人的作用"①,减少以考试成绩论教师的评价,着眼于教师本身成长和发展的需求,以教师各方面的提升为依据对其进行评价,才能真正让教师规划自身的专业发展,从而更快地成长。

① 边玉芳,孙丽萍. 教师增值性评价的进展及在我国运用的建议[J]. 2015(27).

第七章　变革案例

【管理变革】

即知即行　立行立改

詹成志

【案例背景】

端午小长假归来早早来到校,巡视校园突然发现一楼大厅英语角旁有一大摊积水,天花板上还滴着水,地面上放着一个整理箱在接水,墙面上有一条长长的水印,很显然是楼上漏水了。快步走到楼上查看,果然是饮水机漏水,看来有一段时间了,走廊里已经水漫金山,有一部分已经漫到教室里面去了。想到过一会儿学生就要进校了,现在去找后勤人员来处理已经来不及了,赶紧亲自动手进行了清理。

【案例过程】

端午假期学校有保安值班,饮水机有管理员,一楼大厅有保洁员,为什么大家都可以发现解决的问题却偏偏没有人来处理?显然这个漏水问题不是今天早上才发生的。为了弄清楚状况,我一一调查了相关人员。保安符师傅:我交班的时候就已经漏水了,我看了一下也不知道怎么修(与我无关);饮水机管理员黄师傅:昨天晚上发现漏水,还没来得及处理(知道没有及时做);一楼保洁员刘师傅:楼上漏水我还用整理箱接了(不是我的责任区,意思是你还要表扬我)。一圈下来,漏水情况依旧,问题依旧摆在那里。明知有问题却没有人及时处理,从而酿成大问题。

我迅速召集后勤部门相关人员开了紧急会议:大家要端正工作态度,要用主人翁意识做好学校后勤服务工作,发现问题要协同合作,不能各自为阵,能处理的先处理,不能处理的迅速报告。以饮水机漏水为案例进分析:保安师傅,不管是不是在自己的上岗时间,知道漏水就要马上查看,能在第一时间关好阀门就能避免事态扩大,不知道怎么处理就要迅速向学校后勤保障中心报告,联系专业人员来修理,千万不能放任自流;饮水机管理员,做事情要分轻重缓急,发现问题要及时处理,将损失降到最低;保洁员刘师傅,不能事不关己,高高挂起,要有担当精神,主动作为,从大局出发,共同为学校服好务。

【案例反思】

这件事发生,让我深感后勤工作人员的管理有待提高,既要让大家明确岗位职责,又要端正大家的工作态度,确确实实把学校当成一个大家庭。分析后勤工作人员现状主要问题:一是工作责任感不强。后勤人员大都是临时外聘人员,年纪偏大,受教育程度低,思想觉悟不高,能不管的事尽量不管,超出的工作范围都要先讲好条件。二是缺乏主人翁精神。后勤人员普遍工资较低,与学校在编教师在待遇上也有一定差距,在学校工作中普遍没有归宿感。三是缺乏被尊重感。同在学校工作,后勤人员缺乏尊重感,虽然老师们平时与后勤人员相处融洽,有一些废报纸、旧作业本之类的杂物都会让后勤人员来收一下,卖给废品收购站增加一点收入。老师们是一番好心,但在感觉上后勤人员就像一个收破烂的。学校日常保洁通常都是后勤人员来做,学生的一些不良卫生行为需要大家来教育,但学生一般都不会听从保洁人员,缺乏对后勤工作成果的尊重,学生随手乱丢、在卫生间经常做一些恶作剧,久而久之,确实也让保洁师傅难做。

怎样化解这种矛盾,提高工作效率呢? 1. 在政策允许的范围内尽量考虑后勤人员的福利待遇问题。比如教育局落实教职工中餐问题,我们也一并解决了外聘人员的中餐。学校工会组织的春游、联欢活动尽量邀请外聘人员参加,大家一视同仁,消除隔阂。2. 通过教育学生尊重劳动。让学生亲自参与能力范围内地扫除活动,学会尊重劳动成果,尊重劳动者。结合"扫除道"、垃圾分类等主题教育活动,聘请后勤人员参与指导,以获得学生的尊重。3. 优化后勤人员考核机制，对于主动作为的行为及时给以肯定，奖勤罚懒，弘扬正能量。

一个人走得很快，一群人走得很远

赵　鑫

【案例过程】

我校阅读研修项目在谭圆圆主任和刘亚庆主任的组织下，有效开展了关于阅读教学研修活动。活动确定由赵小希老师执教一节有关绘本阅读的公开课。以往绘本阅读教学在语文教学研修中涉及较少，在我校只有少数几位老师尝试过，在经验缺乏，可借鉴网络资源较少的情况下，老师们齐心协力，以课研课，以学研学，在绘本阅读教学中迈出了欣喜的一步。

【案例反思】

团队要有引领者，作为助推器帮助成员加速前进。赵小希老师钻研能力强、语文教学素养高、肯吃苦，但是毕竟刚刚参加工作，经验还需要积累，在前期准备过程中，有思索、迷茫、畏难、疑惑，在此时对绘本阅读教学非常感兴趣的望老师主动承担了第一次的试教工作。虽然是试教，但是望老师以专业的角度向大家展示了如何开展阅读教学，融入了自己的思考和创新，再通过集体讨论、集体研课，这给赵小希老师有了很大的启发，因此在随后的准备中变得比较得心应手，同时自信心也强了起来。我们老师的成长需要靠自身的努力同时也需要靠外界的催化剂。有一个敢吃螃蟹的引领者，就会给后续部队增添动力，帮助大家的成长。

团队没有士气的时候，需要有精神导师，士气往往比能力更重要。赵小希老师试教结束后，很明显能够感受到听课老师不好评课，上课老师比较沮丧，大家也都心里清楚，这样的课堂并不是我们真正需要的阅读教学课堂。语文教学式的讲解，换课本不换方法的教授，根本没有达到阅读教学的目的。参与听课的谭校长及时与她进行了沟通，在这节课该如何上、方向在哪里，思路在哪里，绘本阅读课到底为何而教，如何去教等方面拨云见日，在一系列的讨论以后，赵小希老师及时调整方向，教案课件及时作出调整，研修组内老师们的情绪也变得高昂起来，仿佛有了定海神针，大家开始有条不紊地开展自己的任务。管理者精神上的鼓励、引导，专业知识上的点拨，对教师的顿悟有很强的指向性，往往需要这么一针兴奋剂，帮助大家度过难关。

作为领导者，需要挖掘每一个人的潜力，组合出最强战斗力。苏静老师工作踏实、家长工作好，因此由她负责绘本图书收集再恰当不过；韩方老师、章世娥老师、杨慧娜老师前期对绘本有所研究，因此点评指导比较恰当；王李娟老师信息技术过硬，课件调整、绘本扫描非常合适；作为领导者，我们要清楚的认识到老师们的优势潜力所在，尽她所能、尽她所长，专业的事情专业的人去做，如是整体的战斗力才达到一个巅峰，做事效率才能够提升，效果才更好。

团队内要有一定竞争力，才能使整个团队更有活力。像阅读研修小组这样抱团发展，组成研修共同体的事例还很多，方方老师的数学课后，丁于蓝老师、张静老师、蔡奇志老师在食堂一边吃饭一边与之讨论，从哪些地方改进，哪些调整，哪些内容有待商榷，哪些教法还不成熟等等，一个青年教师，能够在成长的道路上有这么一群可爱的人帮助你，我相信不仅仅是自身的进步，也是整体的进步。学校初期做微课的时候，有电脑技术比较好的老师，应该来讲可能她们自身做起来会更快，但放到团队里面涉及到整体的时候反而会降低速度。然而她们并没有抛弃队友，相反在大家一起研讨的过程，点子更多了，思路更宽阔了，甚至技术也更加娴熟了，更令人有成就感的是老师能够通过自身的辐射带领大家的进步，能够感受到自己在绿萝路小学工作的价值所在，进而大家能够拧成一股绳，心往一处想，劲往一处使，使我们绿小团队更有活力与朝气。

在绿小的团队里，每一个教师都是家人，唯有在成长的道路上不忘初心，勇于创新，相扶相持，方得始终，一个人走得很快是个人速度，唯有整个团队走得快、走得远才是绿小速度。

【课堂变革】

一场别出心裁的“方向与位置”课

北师大版数学二年级上册《方向与位置》课堂教学变革案例

宋贝迪

【案例背景】

因为一次错误的换课通知，本该上数学课的二年级(2)班学生错以为是体育课，早已像鸭子一般在操场上撒起了欢。教室离操场有很长一段距离，我试探着问学生：“我们回教室上课好吗?”得到的却是不情愿的回答。爱玩是孩子的天性，而每天学生在校的大部分时间都是在教室里度过的，所以对户外活动有着极大的向往。看着孩子们渴望的眼神，我真不忍心让他们失望。为什么就不能在操场上一节数学课呢？虽然目前正在学除法，但有了今天这样的客观环境，更适合上第五单元“方向与位置”。于是，我决定临时变更教学内容，在操场上一节数学《方向与位置》课，孩子们立刻兴奋起来……

【案例过程】

一、纪律是保证室外教学质量的前提

二年级(2)班的学生性别构成比较特殊，男生多女生少——男生人数几乎是女生的两倍，而男孩子普遍比较活跃，即使是在教室上课，课堂纪律的维持都不是一件特别容易的事情，更何况今天是在室外。所以，上课伊始，我头脑里首先考虑的就是怎样让他们在这样一个开放的空间能够集中精神上课：

“同学们，既然大家都想在操场上数学课，那老师今天就满足你们的要求……”

还没等我说完，孩子们已经一片欢呼声了。“我们在室外上数学课的机会是很难得的，大家说要不要珍惜啊?”“要!”孩子们立刻表现出十分在意的神情。于是，我便趁热打铁地向学生强调了上课时的各项纪律，核心内容是：务必要一切行动听指挥！这一招果然有效，孩子们逐渐安静了下来。

二、自主学习中引发知识的生成

我注意到在操场上孩子们自发地按体育课队形站成了四队，于是，我让四队围成了一个正方形。大家在塑胶跑道上席地而坐，我也坐到了孩子们中间。

1. 师：你们的家都在学校附近的什么方位？

我用谈话的形式开始了这节课。

生1：我家在学校的左边，海景花园……

生2：我家也在学校的左边，我住在湖滨花园……

孩子们纷纷介绍各自的家，但这两个回答引起了我的注意，因为海景花园和湖滨花园分别在学校的两侧。

师：老师听着有点糊涂了，怎么会都是左边却在正好相反的两个方向呢？

我希望用这个矛盾引起学生的注意。

生1：我是面对校门口的左边。

生2：我是面对校门口外马路的左边。

两个学生很快找到了矛盾的所在，可是其他的学生有意见了。

生3：你们怎么连自己的家在哪都说不清楚啊！

师（趁热打铁）：是啊，我们上学期学过，左右是具有相对性的，那大家还有没有什么好方法能够准确描述自己家的方位呢？

这个问题似乎引起了学生的兴趣，他们七嘴八舌讨论开了。有的用参照物的方法描述，有的用道路来描述，还有的学生想到了用“东南西北”来描述方位。就这样，我们今天的学习内容就自然地被引出了。

2. 师：在自然界，我们怎么来分辨东西南北呢？

以下的授课时间里，学生们畅所欲言，所表现出来的知识面、思维、表达能力完全超出了我的想象。

生 1（脱口而出）：看太阳！（指着太阳）早晨太阳升起来的地方就是东边！

因为正好是早上第一节课，于是按照生 1 的说法，孩子们很快找到了校园的东边是什么方向。

生 2：哦，海景花园在学校的东边！

师：看，生 2 描述得多准确啊！

我立刻表扬他现学现用的精神！其他孩子也纷纷仿效，把校园东边的建筑物说了个遍。

生 3：要是碰上下雨天怎么办呢？

生 4（激动地站起来指着学校的大榕树）：可以看树啊！

师：看树怎么辨别方向呢？

生 4：树叶茂密的一面是南面，树叶稀少的一面是北面。

我心中暗暗赞叹，二年级小学生的知识可真丰富啊，但同时也发现还有些孩子对于这样的说法表现出不解。

师：为什么这么说呢？有什么科学依据吗？

生 4：我看过书上说向南的一面阳光比较充足，暖和一些，所以树叶就长得多，北边比较冷，树叶就长得少。（同学们露出佩服的神情）

生 5：要是在沙漠呢？哪有树可以看啊？（一阵哄笑）

生 6：可以看星星啊！

生（七嘴八舌）：可以看北斗七星！还有北极星！……

就这样，你一问他一答，不断有人提出方法，又不断有人将问题升级，竟然还有学生知道用针和磁铁自制指南针。

师：大家一起说说我们生活中用"东、南、西、北"来描述的路名或者地名吧。

一名学生立刻想到了校门前的深南大道，我也让学生一起指向深南大道的方向并告诉他们这个方向就是南面。

生 7（指着北面）：那后面还有北环大道呢！

生 8:还有东部华侨城!

师(追问):你们谁知道,从我们这儿出发往哪里走能到达东部华侨城呢?

……

在认识了方位后,我和学生一起做起了“方向操”:原地起立,面向北一起做“操”并大声念道:“上北、下南、左西、右东。”说到哪句,双手就齐齐地指向那个方向,同学们热情高涨地做着操。

三、游戏互动中强化知识的运用

因为是在室外,有充分的空间让孩子们动起来,我突然冒出些灵感——

1. 请一位学生站在正方形队伍的正中间,开始游戏:请拍拍你北面同学的肩;请拥抱你西面的同学;请和你东面的同学握握手;请和你南面的同学问声好……

没想到,孩子们非常喜欢这个游戏,玩得不亦乐乎,在游戏的过程中很少有人出错,看来是真的记住了方向。

2. 寻宝:操场北面的正中间有一块藏宝图,谁能准确地确定这个位置,跑过去向我们挥挥手示意一下(操场北面的正中间正好是我们的升旗台,这个地点还是很有代表性的)

我还如法炮制了南、东、西三个方向的“藏宝图”……被派去找“藏宝图”地点的学生可自豪了,当他们一次又一次准确找到地点时,得意地向“总部”的同学挥手,神情中充满了成就感……

【案例反思】

整节课每位学生都处于主动学习的状态,每个人都心情愉悦,那份自在的神情,是教师在教室里上课时很少看到的。整节课的知识点又如此自然地和游戏融合在一起,呈现在学生面前,问题如此顺畅地解决,过程中全是学生在主导整个学习过程,教师只是起到适时引导、点拨的作用。这节课着实给了教师不少启发。

也许这节课重要的不仅仅是选择了操场,更重要的是在这样一个相对开放的环境中，孩子们持有的一种非常轻松的心态。在这种轻松的心情下，智力、记忆都能处于最佳的状态。

让知识从生活中来并用到生活中去，有时候，我们会发现学生在学习的时候特别盲目，缺乏动力，那往往是因为他们不明白正在学习的知识有什么用处和意义。只有让学生感觉到所学的知识和生活有着紧密联系，所学的知识在生活中能解决问题，他们的学习积极性就会高一些，更高一些；学习的目的性才会明确一点，更明确一些。这一点对低年级的学生特别受用。

加强学科之间的融合，让数学课堂丰富起来，这堂课学生的很多精彩之处不仅仅是在解决数学问题时候的呈现，学生展现自己知识面的广度，学生展现自己知识面时的意气风发状态，在活动中奔跑的活力四射，在游戏中体现出的创新与合作，都是这节课不可抹煞的亮点！试想，如果一节课上不仅能学到数学知识，还能涉猎到天文地理、还能活学活用、更能活动一下小胳膊小腿，一举四得，何乐而不为?！加强学科之间的融合，让课堂更加丰富，让孩子们在大天地里体验和学习，这是一条更好的课堂变革之路！

一堂妙趣横生的小学职业生涯规划启蒙课

华师版心理健康教育四年级全一册第五课《三百六十行》课堂教学变革案例

雷舒涵

【案例背景】

开学伊始，我们照例进行班干部改选，同学们参与的热情很高，有部分同学同时竞选了多个岗位，但是结果却不尽人意，落选了。孩子很失落，问我“老师，为什么大家都不选我?”我除了安慰孩子，更多地在思考这是为什么。我想这主要是孩子对自己的定位不太清楚，我要做的就是帮助他们了解自我，认识自我。《中小学心理健康教育指导纲要(2012 年修订)》里小学中年级的具体目标正好有这一点，这是一个契机。竞选班委相当于一个小型的应聘会，小学是职业生涯发展的早期阶段，对未来充满了幻想，如果我们能遵循孩子的身心发展规律，有意识地开展职业生涯教育，对学生更好地认识自我、发展自我有重要的启蒙和引导作用。于是我确定了《三百六十行》这一课作为孩子们职业生涯规划的启蒙课。当我把这个想法告诉孩子们时，大家都充满了期待。

【案例过程】

一、情境导入引出话题——职业知多少

1. 播放《我是一个粉刷匠》，学生进行身体律动

同学们，你们想不想让自己的家变得更漂亮呢？那就让我们一起学一学粉刷匠吧！

2. 实景化故事剧场

伴随着欢快的歌声，明明开始了他的一天，我们一起去看看吧。（学生扮演不同的角色）

师：明明遇到了哪些人？这些人是干什么的？（板书各种职业）

师：刚刚我们说的这些就是职业，今天我们一起来聊一聊三百六十行。（板书课题）

3. 谈谈你知道的职业

你们还知道哪些职业呢？（补充板书）你知道这个职业主要做什么吗？不同的职业能给人们提供不同的服务，现在请大家按照范例在学习单上填一填。

【设计意图】引导学生了解家里或者身边的人正在从事的职业、工作内容，关注实际生活中的一些在平凡的岗位上默默奉献的人们，知道我们的生活离不开各行各业。

二、互动交流升华认识——行行出状元

1. 老师想做一个小调查，你知道你的亲朋好友他们都从事什么样的职业吗？（指名说两个）

你最佩服哪一个？说说你的理由。现在请大家先小组说一说，全班

交流。

2. 西陵工匠

除了我们的亲朋好友,我们身边也还有很多把平凡的工作做得不平凡的人,比如“西陵工匠”。大家看,这就是其中的一位……

大家去过“自己人”吗?这位就是自己人餐饮连锁公司的总厨。从学艺第一天开始,师傅就用一种“工匠精神”要求他,在以后的日子里,他也一直这样要求自己。有一道菜叫“雀巢百灵鸽”,其中一个程序要蒸6—8个小时,有时生意好,出菜有些来不及,有些厨师要求快上菜。王师傅坚决要求必须达到6小时以上。其实,如果没有6小时,甚至1小时,一般人也感觉不出来。就是一种匠心,让王师傅始终坚持原则,坚持程序。

3. 播放“感动中国”视频

这是我们身边的人,老师给大家带来了一段视频,这位人物就更了不起了,他是“感动中国”的人物。看完之后,说说你印象最深刻的地方。

学生谈一谈感受,教师总结。工作做到极致就是状元。一件小事只要我们坚持去做,投入自己的情感就一定会做得很好。

4. 议一议

想一想,为什么社会需要从事各行各业的人呢?

出示农民、建筑工、天文学家,医生缺少了他们会怎么样?

师:正如同学们所说,每一种职业都不可或缺。但是职业有贵贱之分吗,笑笑就遇到了这样的难题,我们一起来帮帮她。

5. 情境表演

放学路上,笑笑遇到了当清洁工的妈妈,你们猜一猜她会怎么做?

6. 揭示主题

师小结:社会上有各种各样的职业,每种职业都是平等的,被社会所需要的。正因为有各行各业的人,我们的生活才如此美好。

【设计意图】让学生明白各行各业不分高低贵贱,劳动最光荣。只要努力,“三百六十行,行行出状元”。

三、实践指导学以致用——我的职业梦想

我们今天还有一位场外嘉宾小象，他跟同学们一样也了解了三百六十行，他就想我也要找一份能为他人服务的工作，成为行业的状元。我们来听一听小象是怎么找工作的。

1. 绘本故事《小象找工作》

故事听完了，我们一起来回顾一下，刚刚小象尝试了几份工作？这几次找工作中发生了哪些故事呢？

小象为什么能做消防员？（特点）

小象失败了很多次，为什么最后成功了？（品质）

师小结：每个人都有自己的特点，能让自己的特点发挥作用，才是合适的。

2. 职业规划

现在让我们一起来当当小小职业策划师，想一想你适合做什么工作呢？

想一想——小组说一说——写心愿卡——班内分享——其他同学再贴

师总结：看来大家对职业已经有了一定了解，知道自己的奋斗方向了。有了兴趣，还要继续努力。老师祝大家早日实现自己的梦想。

【设计意图】使学生明白进行职业规划时需结合自身特点合理规划，这样才能充分发挥自身优势，为社会尽到自己应尽的一份责任。

四、总结拓展树立信心

师：同学们，今天我们一起了解了各种各样的职业，同时也对自己进行了探索。或许在我们成长的过程中会和小象一样遇到挫折和失败，老师希望你们也能和小象一样，有着坚定的信念和坚持的精神，不断尝试，不断努力。相信你们也能在人生道路上找到适合自己的位置，做一个自信可爱、善于学习、热爱生活、乐于交往、适应社会、幸福快乐的人！

【案例反思】

整堂课以游戏、情境、实践活动贯穿，每位学生都在积极参与，在妙趣横生的课堂中，孩子们是自信的、开心的、收获满满的。通过一系列的活动，孩子们学会了认识自我、了解自我，学会了接纳自我，这就是我想要的。孩子们的职业规划，老师只是引导，决定权在孩子手中，这正如我们今天的课堂，孩子是主导，正是他们的参与才让这节课有声有色。

课程的设计要源于孩子的实际。根据孩子的需要来确定课题、课程设计，根据课堂效果不断反思，才能真正做到以生为本。这样的课堂才是孩子们感兴趣的课堂，才是自然生成的课堂。

课程的设计要有层次。老师要对课程有一个总体把握，每一个环节都应该是有递进，有升华的。不同环节使用的教学手段、教学策略也应该是变化的。例如开课可以以游戏或者音乐等方式轻松导入，讨论环节可以小组合作、情景表演等方式，结课可以用成果展示的方式。课程的设计不能一成不变，要随内容而定。

课程的设计要有学科整合思想。每一门学科既有独特性，又与其他学科有相通性。整合学科，不仅能让课程设计更饱满，还能让孩子们的思维更广阔。同时，课程的整合也是一种教学辅助手段，音乐让课堂更轻松，运动让课堂更活跃，美术让课堂更出彩……合理地整合课程可以让老师教得更轻松，学生学得更快乐。

课堂变革，我们一直在路上……

初识鲁迅　走近鲁迅

人教版语文六年级上册第五单元“群读类学”教学设计及评析

望成林

2014年我校正式成为湖北省小学语文“群读类学”课题的实验学校，单元整合研究是我校语文学科研究的重点。我有幸成为这个课题的实验教师。我们语文组意在通过“群读”，即学生大量广泛地阅读，实现“类学”，即掌握某一类文章体裁的学习方法，从而可以实现举一反三。

从群读到类学，实现的途径是怎样的？是泛泛地大量地读，还是阅读某一类的书？在实践中，我们认识到：既要强调教学内容立足教材大量扩展，实现“多读”；又要实现教学主题多样化，实现多元化组元格局。学生的阅读时间从哪里来？除了课外，也可以从课内来，这就意味着教师的教学过程要删繁就简，留给学生一定的时间通过多种阅读方式引导学生开展大量的自主阅读实践。

在实践中，我们语文组着重以人教版六年级上册第五组单元《走进鲁迅》为内容开展研究。“内容体系”的建构拟通过三种途径实现：

第一种途径是“篇目重组”，以教材为主，加强单元整合，完善、改革现有教材内容。

第二种途径是“文本补充”，即基于教材专题，以教材选文为主，增加文本篇目，用教材“一篇带多篇”“一篇带一本”等方式扩充现有教材，扩大学生阅读量。

第三种途径是“单元增设”，根据年段目标、学生阅读能力发展需要相应增加、补充主题单元。通过多样化的主题单元增设，完善教材体系，丰富教学内容。

【确定目标】

为了让“群读类学”之花结果，我们学校语文组老师团队一起深入地开展了研究。

11 月 16 日，实验团队就《走进鲁迅》单元整合备课进行专门研讨。在研讨会上，大家认为：“理解含义深刻的句子”不应成为这一单元的训练重点。在会上，我道出了心中的疑惑：书中的习题，课堂练中的作业，大多是理解这些含义深刻的句子，语文园地“交流平台”也是围绕交流理解含义深刻句子的方法。如果课堂上不讲清楚，孩子做不到习题怎么办？假如考试时出现类似的题目又怎么办？如果我们的课题研究以牺牲孩子的成绩为代价，我们的课题研究能走多远？主导的乔能俊老师指出：“如果对这些含义深刻的句子深入品味，很容易让孩子接受一些说不清道不明的观点。而我们的教育首先应当传递的是‘真’的知识”。

经过研讨,大家一致将这一单元的教育目标确定为"感受鲁迅先生的人物形象,继续学习描写人物的方法。"

【学情分析】

弄清了教学目标,还要研究学情。在最开始的工作中,我们六年级的老师只是随意问了班上学生,大致得出实验数据,便初浅地下结论。后来经过学习、研讨,我们认识到:调查学情是确保教师的"少教"和有效地促进学生"多学"的重要前提。研究学情既要研究学生的既有与需要,也要研究学生的可能与期望,目的是寻找到学生的学习起点和可能起点。要针对单元教学目标,设计调查表,每个学生一份。确保调查的真实性,不写姓名,现场填写,现场收取。在学校教科处的帮助下,新的调查表出炉啦!

经过对班上 64 名孩子认真地调查,得知:其中 1 人没有读过鲁迅写的或者关于介绍鲁迅先生的文章;有 16 人只听说过鲁迅的名字,没有读过鲁迅的的作品;有 23 人是通过语文书读过鲁迅的作品;24 人在课外读过鲁迅的作品。

全班同学中,有 48 人认为阅读有一定难度,但能大体掌握,有 10 人认为鲁迅的的作品容易理解(估计其中不乏只是阅读了《少年闰土》后的主观感受),6 人认为鲁迅的作品晦涩难懂。

从以上调查可以看出:要让学生从不同角度、不同侧面认识鲁迅,优化鲁迅的人物形象,还存在许多困难。

于是,对这个单元的学习目标必须有一个准确的定位,那就是:亲近鲁迅,走近鲁迅。让学生在这组课文的阅读中认识到——鲁迅是可亲、可敬、可爱的人,是文学家,也是一个普通人,是我们的朋友。

此次学情分析,让我深刻感受到:做学情研究绝不能蜻蜓点水,也不能主观臆断,一定要关注学生与教学内容的联系性,应有具体事实内容的学情分析,要有令人信服的"学情依据",在此基础上寻找准学情与教学内容的"契合点"。

【设计教学】

本单元一共有四篇课文，鲁迅自己写的文章一篇《少年闰土》，其它三篇都是他人写鲁迅的文章，我们该如何围绕目标去设计我们的教学呢？再一次经过集体研讨，我们确定将《少年闰土》作为“鲁迅专题”单元的定篇教学，所谓定篇教学就是主要篇目的教学。《我的伯父鲁迅先生》和《一面》都是回忆鲁迅先生的文章，本着相同的内容整合地教的原则，把这两篇课文以大问题“在他人的眼中，鲁迅是一个怎样的人？”贯穿始末，让学生通过对鲁迅的外貌、语言、动作的描写，去感悟鲁迅先生的形象。在感悟鲁迅先生人物形象的同时，学习外貌描写的方法。

为了增进同学们对鲁迅的了解，我们还让学生走进著名作家萧红写的《回忆鲁迅先生》一文，让学生用思维导图画出鲁迅先生的性格特点。这一作法大受学生欢迎。有学生写道：鲁迅很“宅”，他不爱逛公园。还有学生说：鲁迅很勤奋，整天坐在窗前的椅子上写作，看书对他来说就是休息。还有的学生认为他很爱儿子海婴，还列举了相关的文中例子说明。

从以上学生的作业可以看出：同学们对鲁迅先生的印象是有血有肉了，鲁迅先生就像是我们的一个朋友，他很爱写作，很爱看书，他对人很慷慨，有时候也喜欢开玩笑……对如此多才，如此博学，又如此慷慨的鲁迅，学生怎么会不喜爱？虽然文字有些生涩，我想也阻挡不了同学们读鲁迅先生作品的热情。

在此基础上，我还围绕单元教学目标设计了丰富多彩的实践活动。如：办有关鲁迅的手抄报，讲有关鲁迅的故事，看有关鲁迅的影视作品，诵读鲁迅的名言警句，并设计了饶有趣味的作文题目《假如我和鲁迅相遇》、《假如鲁迅在今天》，让学生进一步与鲁迅对话，在情感上走进鲁迅，亲近鲁迅……正如乔老师所说：“你不是在教鲁迅，而是和孩子们一块学习鲁迅，研究鲁迅。”

在关于鲁迅单元的教学设计那段日子里，我一有时间，就阅读关于鲁迅的文章，在众多的文学作品中去感受鲁迅，重新认识鲁迅。我和孩子们共同体味到了学习的愉快，也和学生们都成了课题实验的受益者，在单元整合的课题实验中，我们教学相长。

【课堂实践】

12月2号，区语文教研员乔能俊老师亲自到绿萝路小学执教《少年闰土》。

那天，我们602班教室里热闹非凡。连过道里也挤满了听课的老师，乔老师通过引读、对比读，感受闰土前后之变化，从而启发学生去思考：闰土为什么有这么大的变化？引导学生将阅读思考与社会生活联系起来，进而初窥鲁迅先生的文学光芒：一般作家写人只是为表达对这个人的情感，而鲁迅则是通过描写这一个或一类人的成长来反映这一时代的变化。上课结束后，乔老师还让学生自己设计表格，比较少年闰土和中年闰土的区别。在听课的同时，我心中的疑惑再次被解开，《故乡》这篇文章重点不是在写“我”和“闰土”之间的对比，而主要是通过描写闰土前后的变化来反应时代的变化。此时，我豁然开朗，只觉得在语文教学的天地里，以前的我也是“只看见院子里高墙上的四角天空”而已。此时，我们的思想天空更加明朗！也越来越明白，做课题研究不能紧盯着孩子一时的成绩，要着眼于孩子的长远发展。

在接下来的单元教学中，有时是我执教，有时是乔老师先执教一部分内容，我再执教一部分内容，有时是乔老师和我老师一起执教。有一次，我在整体执教《我的伯父鲁迅先生》和《一面》时，有一个环节是让学生自由读，抓住文中的语言、动作、神态描写的句子感受鲁迅先生的人物形象。在巡视中，乔老师发现许多同学把文中的所有语言、动作、神态的句子都画上了标记，他当机立断，站在讲台上给同学们讲述：“文中有好几个人物，是不是我们都要把描写人物的句子找出来呢？我们得先区分哪是主要人物，哪是次要人物。读写人类的文章，一定要抓住描写主要人物的语句、段落来品析人物形象，描写次要人物的可以暂时放一边。我们可以用不同颜色的笔给不同类别的语句做标记。”通过乔老师的学法指导，大多数同学都迅速抓住直接描写鲁迅先生的语句来感受鲁迅先生的人物形象。这一次让我再次意识到：在课堂教学中，也要即时了解学生的学习状态，帮助学生掌握学习方法。

就这样，我们连续两周才把这一单元学完。

课题结束后谭娟校长随机找了班上的二十多位学生，问他们听完整合课堂之后的感受。有孩子说："以前老师讲得多，现在我们自己想得多"。还有的孩子说："现在的语文课堂有意思"，"我喜欢老师让我们自己设计作业"，"在现在的课堂上，发言的人更多了"……

听了学生的发言，我在心里越加坚信：我的课题实验就是为学生的学习而教，为学生更好地学习而研究。目的就是要让学生爱上语文课堂，能主动学习语文。作为一名语文教师，还有什么比孩子们在语文课上打下厚实的根基，聆听他们拔节的生长更让人愉悦的呢！

人教版语文六年级上册第五单元
"群读类学"教学设计

教材解析：

本组教材以"初识鲁迅"为专题编排，共安排了4篇课文，其中第一篇课文《少年闰土》是鲁迅自己的作品，主要是让学生感受鲁迅先生作为一位伟大的文字家的成就。透过这扇窗，让学生知道鲁迅成功地塑造了祥林嫂、闰土、孔乙已以至阿Q这些被压迫者，他是被压迫者的同情者和代言人，是一位为社会底层的小人物大声疾呼的平民作家。其他三篇：《我的伯父鲁迅先生》、《一面》、《有的人》是不同的人从不同角度写鲁迅的文章。在侄女周晔的眼里，他是一位和蔼可亲、幽默风趣的长者；《一面》一文中，对鲁迅的外貌描写非常传神，字里行间里表达了"我"对鲁迅的敬仰，展现了鲁迅关心青年、慷慨大方的品质；教材还安排了臧克家的诗歌《有的人》，诗歌采用对比的写法，赞扬了鲁迅永远活在人民心中的品质。这四篇文章使得鲁迅这一人物形象更加真实、丰满、生动。四篇课文都是引导学生感受人物形象,体会含义深刻的句子,学习描写人物的一些基本方法的极好范本。

本单元教学要求是体会含义深刻的句子,感受鲁迅先生的崇高精神;并继续学习描写人物的一些基本方法。从单元导语到课文,从课后思考题到连接语,从“资料袋”到“阅读链接”,从“口语交际·习作”到“回顾·拓展”,各个部分都从内容和形式上凸显这一学习重点,整组教材成为互相联系的整体。

学情分析:

鲁迅既可谓文坛巨匠,又可谓一面民族旗帜,但是了解鲁迅,读过鲁迅作品的小学生却是凤毛麟角。在上课之前,我曾做过一次调查,了解鲁迅的同学只占班级的一半,再问鲁迅是干什么的的时候,有同学竟说鲁迅一名画家。只有极少数人知道鲁迅是一名文学家、思想家、革命家。

在五年级下册“人物描写一组”这个专题中,同学们已经知道了一些描写人物的基本方法,如通过一件事来刻画人物;通过语言、动作、外貌描写来刻画人物,在本组课文中,学生将学习一些描写人物的方法。如:我们可以用几件事来刻画人物,在这几件事的选择上做到有详有略,再如外貌的描写必须和人物的心灵息息相关。

单元教学目标:

1. 回顾课文内容,结合时代背景、课外资料认识、了解鲁迅,进一步感受鲁迅先生的崇高精神。

2. 在梳理课文的基础上交流体会含义深刻的句子的方法,继续交流描写人物的一些基本方法,掌握抓住特点描写人物外貌的写作方法。

3. 在拓展阅读中深入鲁迅的世界,进一步激发阅读鲁迅作品的兴趣。

教学重点:

交流心目中的鲁迅印象;交流体会含义深刻的句子的方法。

教学难点:

掌握抓住特点描写人物外貌的写作方法。

《少年闰土》

这篇课文节选自鲁迅的短篇小说《故乡》。课文先描绘了“我”记忆中看瓜刺猹的闰土，接着写与闰土相识、相处的过程。重点写了闰土给“我”讲雪地捕鸟、海边拾贝、看瓜刺猹、看跳鱼儿四件事，刻画了一个见识丰富而又活泼可爱、聪明能干的农村少年——闰土。

先把课文读通顺，边读边想，课文记叙了“我”与闰土的哪几件事？这几件事中，哪几件事是详写，哪几件是略写，闰土给你留下了怎样的印象？

重点聚焦：

少年闰土讲述的四件事，读读相关的语句，看看作者是通过怎样的描写来写出闰土的这个特点的？

拓展：

鲁迅是一名文学家、思想家、革命家。鲁迅作为一代文学巨匠，他以笔为武器，同黑暗势力作了不屈不挠的斗争，成功地塑造了祥林嫂、闰土、孔乙已以至阿Q这些被压迫者，他是被压迫者的同情者和代言人，是一位为社会底层的小人物大声疾呼的平民作家。课余同学们可以去读一读鲁迅的作品。也可以去读一读《故乡》，去看看成年后的闰土是怎样的面貌。

《我的伯父鲁迅先生》和《一面》群文类学

《我的伯父鲁迅先生》和《一面》都是回忆鲁迅先生的文章。在《我的伯父鲁迅先生》一文中，侄女周晔通过回忆伯父鲁迅先生给自己留下深刻印象的几件事，说明鲁迅一位和蔼可亲、幽默风趣的长者，是一位爱憎分明的人，是一件为自己想得少、为别人想得多的人。

《一面》讲述了1932年秋天，“我”在上海内山书店见到鲁迅先生一面的事，表现了鲁迅热爱劳动人民和关怀进步青年的高尚品质。

先把这两篇课文读一读，以小组为单位，完成以下表格。

	《我的伯父鲁迅先生》	《一面》
作者		
哪几件事		
描写方法		
鲁迅先生的品质		
最能展现品质的句子		

《有的人》

这首诗歌采用了对比的手法，热情赞颂鲁迅为人民鞠躬尽瘁的伟大精神。抒发了作者及人民永远怀念鲁迅的浓厚感情。并让同学体会"对比"手法的好处：形象更加鲜明，主题更突出。

先读读诗歌，边读边想，完成以下表格。

两种人		
对待人民不同的态度		
人民对两种人的态度		

再读诗歌，体会"对比"这种写法的作用。

尝试运用"对比"手法来写诗歌。

阅读整理：

教学设计及评析：

一、回顾课文内容，交流我心中的鲁迅印象

1．同学们，通过这段时间的学习，鲁迅先生的形象已深入到我们每一个人的心田。下面就结合课文来谈谈你心目中鲁迅是怎样的一个人呢？

课题	鲁迅印象
《少年闰土》	
《我的伯父鲁迅先生》	
《一面》	
《有的人》	

2. 通过课文的学习，我们感受到了鲁迅先生对亲人的慈祥、对敌人的嫉恶如仇、对朋友的真挚、对年轻人的关怀。这段时间同学们还读了哪些跟鲁迅有关的文章？结合课外的学习谈谈你心目中的鲁迅？

题目及作者	最能体现特点的句子	人物特点
周海婴《父亲的写作》		
萧红《回忆鲁迅先生》		
巴金《悼念鲁迅》		

根据学生汇报出示课件，完成表格：

3. 鲁迅先生以“笔”为武器，与当时的黑暗社会、恶势力进行了不屈不挠的斗争，写下了很多表心志的语言，值得我们永远铭记。让我们从先生的名言中感受他崇高的精神。（师出示日积月累，生自由读，再说体会）

其实地上本没有路，走的人多了，也便成了路。——《故乡》

我好像一只牛，吃的是草，挤出来的是奶、血。——许广平《欣慰的纪念》

时间就是生命，无端的空耗别人的时间，其实无异于谋财害命。——《门外文谈》

只看一个人的著作，结果是不大好的：你就得不到多方面的优点。必须如蜜蜂一样，采过许多花，这才能酿出蜜来。倘若叮在一处，所得就非常有限。——《致颜黎民的信》

横眉冷对千夫指，俯首甘为孺子牛。——《自嘲》

4. 你还知道鲁迅的哪些名言？你从中感受到他怎样的精神？

5. 小结：有人把鲁迅的笔比作一把匕首，毛主席评价他是伟大的文学家，思想家和革命家，是中国文化革命的主将。他被誉为“民族魂”。

出示：民族魂图片，再读：横眉冷对千夫指，俯首甘为孺子牛。

二、梳理课文描写人物的写法，刻画我眼中的鲁迅形象

1. 鲁迅先生写的文章都已在我们心目中留下深深的烙印，本组课文运用了哪些描写方法使得人物形象真实、丰满、生动？

课题	描写人物主要方法
《少年闰土》	1. 刻画闰土的外貌、语言、动作、神态。 2. 通过闰土讲述的稀奇事、“我”的心理描写刻画闰土的见多识广、机智、勇敢。
《我的伯父鲁迅先生》	1. 通过语言、动作、神态、环境的描写表现人物品质。 2. 通过四件回忆事例的描写反映鲁迅的品质。
《一面》	1. 主要通过外貌描写刻画人物形象。 2. 通过一件具体事例进行描写。
《有的人》	通篇用了对比的表现手法。

2. 果戈里说：“成功的肖像描写，是理解人物性格的一把钥匙。”本组课文哪几处外貌描写让你感触深刻？

(1) 背《少年闰土》中描写外貌的句子。

(2) 朗读课文《一面》三处外貌描写句子。

(3) 出示鲁迅的照片，观察、对照课文的描写，对作者的描写作出评论。

(4) 学了本单元，在写人物外貌方面你有什么收获？

总结人物外貌描写的基本方法：

① 抓特征：写外貌必须抓住人物的性格特点，这是区别于其他人的最大的不同点。

② 表现性格：如果只是为了人物外貌而写外貌，就会失去外貌描写的意义。写外貌必须能有助于表现人物性格。

3. 小练笔：

运用以上所总结方法描写老师的外貌，看谁写得好。

三、交流含义深刻的句子,走进鲁迅的内心世界

1. 本组课文中,多数句子一看就懂,但有的句子有着深层的意思,需要认真体会。回顾本单元学习过程,理解含义深刻句子有哪些方法?

难句	含义	理解方法
伯父摸着胡子,笑了笑,说:“哈哈!还是我的记性好!”	伯父委婉地批评我读书不认真。	联系上下文
他们都和我一样,只看见院子里高墙上的四角的天空。	我和往常的朋友是些“少爷’,整天生活在大院里,不能广泛地接触大自然,像井底之蛙,眼界狭窄。	结合时代背景 联系上下文
你想四周黑洞洞的,还不容易碰壁吗?	鲁迅用笔唤起民众觉悟,遭到反动势力的打击、迫害	结合时代背景

2. 小结

正如鲁迅先生对他的侄女所言,读书不能“囫囵吞枣”,读关于鲁迅的文章就更不能马虎。由于当时特定的时代背景,鲁迅的作品中总有一些晦涩难懂,含义深刻的句子,同学们可运用以上方法去读精读细。

四、推荐阅读鲁迅的作品,进一步了解鲁迅

为了进一步了解这位文坛巨匠、民族英雄,我们把 11 月定为“鲁迅读书月”,找到鲁迅先生更多的文章和事迹读一读。(课件出示老师推荐书目)

基于建构主义的小学语文课堂教学改革探索

章世娥

【案例背景】

建构主义为语文学习走出传统课堂的窠臼带来了曙光。它要求教师认真梳理语文学习目标,帮助学生掌握语文学习的工具,为其终生发展奠定基础;要求教师为学生提供丰富的活动,让其在参与中主动建构知识。

建构主义关于学生“内化就是个体在感受刺激时,把它们纳入头脑中原有的图式之内,使其成为自身的一部分;顺应是指外部环境发生变化,而原有认知结构无法同化新环境提供的信息时所引起的儿童认知结构发生重组与改造的过程,即个体的认知结构因外部刺激的影响而发生改变的过程。平衡是指学习者个体通过自我调节机制使认知发展从一个平衡状态向另一个平衡状态过渡的过程。”这些观点很好地指引了我们的教学。

基于此观点,在教学实践中,应最大限度地发挥学生的主观能动性。建构主义的语文课堂要规范其过程,包括:倾听学生,为学生提供建构的起点;拓展阅读,促进学生广泛吸收新知;丰富活动,拓宽学生外化知识的渠道;注重结构,引导学生建构新的图式。

【案例过程】

望成林老师一次在上《我的伯父鲁迅先生》、《一面》时,为了充分让学生发现其中的规律,获得从重点事件突出人物精神、用重点句子勾勒人物外貌描写的方法,她将两篇课文放在一起学习,为充分调动学生学习的积极性,她采用了这样的教学结构:

(一) 联系旧知,启发谈话

上节课,我们学习了《少年闰土》这篇文章,透过这扇窗,我们初步了解到了鲁迅作为一名文学家的成就,他主要通过写人物命运的变化来写出人物所处时代、社会的变化,并且启发人们去思考:为什么会有这么大的变化?鲁迅真不愧是一代大文豪! 那么,在他人眼中,鲁迅又是一个怎样的人呢?

(二) 整体感知,重点感悟

请同学们自由读一读《我的伯父鲁迅先生》和《一面》这两篇课文。边读边将重点词句做上记号,看你从这些地方知道了什么?

生边读边思考,边做笔记,师巡回指导,了解学生学习情况。

(三) 拓展交流,注重运用

鲁迅是一个怎样的人? 能结合具体的词句来谈一谈吗?

学生结合重点词句自由畅谈。

(四) 比较阅读,群读类学

为什么他们会呈现不一样的鲁迅?

总结:每个人的视角不一样,所以我们看到了不一样的鲁迅:在侄女周晔眼里,伯父是一个慈祥、幽默的长者,是对旧社会憎恨,对下层人民关心的人。在青年阿累眼中,他又是那么地…

(五) 深入探究,感悟写法

《一面》对鲁迅的描写很有独到性,作者是抓住哪个字写鲁迅人的?

请同学们读一读关于鲁迅外貌描写的句子,想一想,对于描写人物有什么新的收获?

写人的时候,可以抓住一个特点,通过不同的侧面来写。在写人的时候,我们可以采用不同的视角,来写同一个人。

【案例启迪】

新课程改革以来,建构主义很快成为引领我们进行课堂变革的理论旗帜。“以学生为中心”“知识必须由学生自己建构”①等观点振聋发聩,发人深省。蓦然回首,才发现我们过去沿袭了多年的课堂教学模式已不再适合时代的需要。于是,很多教师陷入了不知所措的困境。

一、梳理目标:以“工具”为学生的终生发展奠基

小学学习必须为学生的终身发展奠基,使学生掌握好学习语文的工具,成为成功的学习者。那么,什么是小学生必须掌握的基础性“工具”呢?

以往的语文教学,目标往往来源于教参,包括识字、诵读、情感激发等方面,课课如此。但是,教材背后的目标是什么?学习每课的目的是什么?没有多少老师能回答清楚。于是,教材自身成为了语文学习的目标,“教教材”成了教学活动的全部。学生学习的最终目的也成了掌握和背诵教材,“用教材教”由于缺乏最终目标而变成了一句空话。

---

① 陈越.建构主义与建构主义学习理论综述[J].惟存教育,2002.

事实上,要确定学生在语文学习中所必须掌握的“工具”并不难——《义务教育语文课程标准(2011 年版)》已为我们提供了重要的依据。有鉴于此,笔者所在语文组决定从梳理目标入手,要求所有教师“两通读”:通读课程标准,通读一至六年级所有的教材,完成目标的意义建构,梳理成系统的网状结构,让每个教师心中有丘壑,知晓每篇课文背后的目标以及其在全册乃至六年中所处的位置。这样,课程标准与教材才有了对接,学“工具”而不是学教材才成为了语文学习的最终目的。拟定的基本路径如下图(图 1):

图 7 – 1　拟定的基本路径图

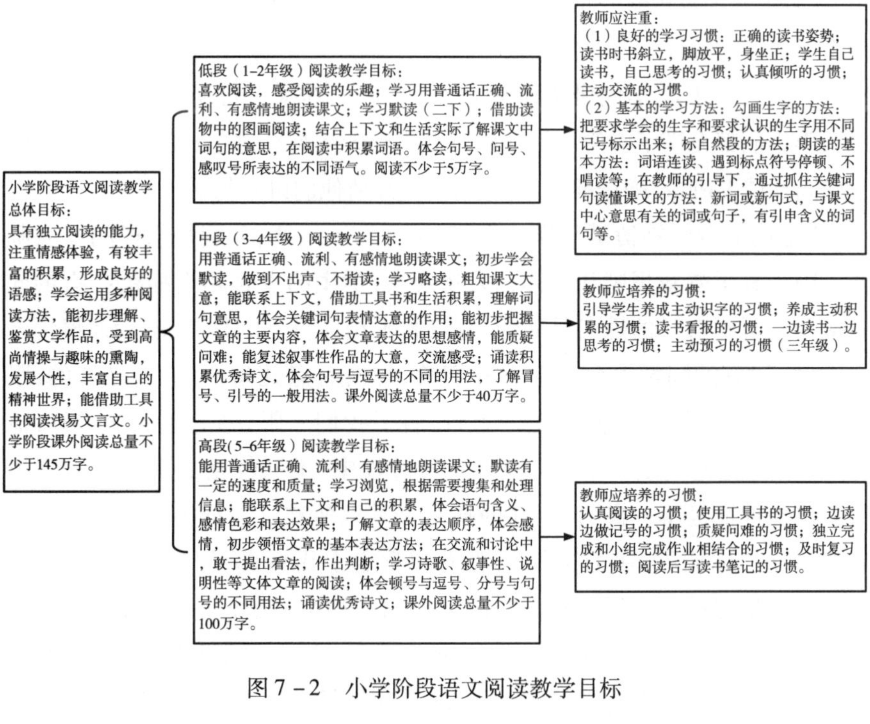

图 7 – 2　小学阶段语文阅读教学目标

通过梳理,“工具”成为了上课所要达到的“纲”,教材成了我们具体操作的“目”,从而达到了纲举目张的效果,使每节课真正走在促进学生成长的道路上。

二、丰富活动:让学生在参与中主动建构知识

(一) 增强体验,让知识建构在直接经验的基础上

俗话说:“毛之不存,皮之焉附?”直接体验得来的经验是学生建构知识的起点。有了生动的直接经验,不仅间接经验的学习会变得更加有趣,而且更为重要的是,间接经验可以“嫁接”在直接经验的基础之上,从而完成知识的主动建构。

例如学习完人教版五年级下册(以下教材均为人教版)《人物描写一组》后,按传统的教学,应让学生回忆留给自己印象深刻之人的外貌、语言、动作,并进行描写。学生直呼“太难”,“没有东西写”。此时就应该创设课堂教学情境,让学生先细致观察一定人物的外貌、动作、语言,再拓展开去描写,就会收到事半功倍的效果。如课堂上教师和学生玩起“突然惊喜”游戏,教师只提出三个要求:“要求同学们带上眼睛仔细看、带上耳朵仔细听、带上脑袋仔细想”,学生们都充满了渴望。教师事先了解当天或当周过生日的学生名单,将这些同学请上讲台,赠送准备好的小礼物,并请他们讲几句话。

“他们上台的神情是一样的吗?”“如果有不一样,分别是怎样的?”教师问。因为有了游戏规则和具体的人物观察,学生的发言相当踊跃:“有的同学最开始听到自己的姓名是一惊,有点儿不相信自己的耳朵,然后才慢慢走上讲台。”“有的同学上台后望着我们笑,神情有点儿羞涩,脸上红红的,眼里都快流泪了。”“有的同学是一上台,看了我们一眼,马上就低下了头,他肯定是不好意思,太高兴了!”在观察的过程中,不同性格的学生所表现出的动作和神情是不一样的,个性的描写是重点所在。怎样突破呢?教师开始了引导:“你们看,平时大胆活泼的同学走上讲台的动作、表情是怎样?他的眼神是怎样的?很少发言的同学他们的神情、眼神又是怎样的?可以把他们的神情、动作交换吗?”在师生的对话中,学生逐步明白了:介绍时必须抓住人物的个性进行描写,要抓得准,才能写得像,人物的个性才鲜明,否

则就是几不像。

“除了课堂上的观察,你在课外还碰到哪些有个性的人？这些人的神态、动作、语言又是怎样的呢?”经过短暂的交流,学生纷纷动笔写起来。

在整堂课中,学生始终没有感觉到这是一节写作课,更没有“奉命作文”的压力,而是意由心生,写作课成了一次观察,一次回忆,一次直抒胸臆的“表白”课,写作成了抒发的需要,成了生命愉悦的享受!

所以,要想使学生真正进入意义建构的学习,教师就应唤醒儿童,顺应儿童的兴趣,丰富他们的活动和体验,使其在这些体验所获得的经验之上,顺势自然地建构新的知识。只有这样,学习才不是简单地死记知识,而是主动地建构。只有这样,儿童的语文素养之发展才会水到渠成!

（二）落实自主,将建构贯穿于语文学习的不同层级中

建构主义再三强调学生自主建构知识。那么,学生在语文课堂上到底要建构什么？如何落实这些建构的过程？笔者认为,语文学习中,学生的建构主要包括四个方面:一是内容建构,即能概括出文章的大意;二是结构的建构,即能梳理出文章的逻辑层次;三是问题的建构,即能提出有关文章理解方面的问题;四是实践的建构,即能根据所学建构出新的东西(属于创造性的运用)。为了引导学生在这些方面的自主建构,语文组研究设计出“金字塔”四级问题。

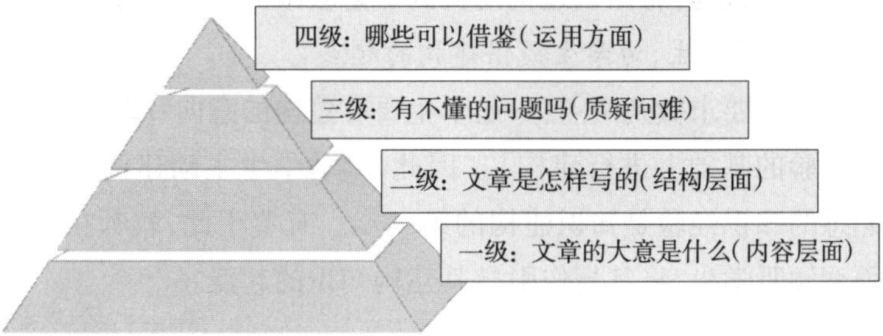

图 7－3　“金字塔”四级问题

比如,在六年级上册《一面》这篇课文教学中,教师在引导学生进行结构建构时,提出了这样一个问题:“作者是怎样写出鲁迅的瘦?请围绕‘瘦’字展开阅读,并思考作者是怎样写‘瘦’的。”在给予学生充足的自主学习时间后,一个小组经过讨论得出了如下写作结构:大致看——近看——仔细看——细细端详——激动地再次仔细看——发出慨叹。具体层次是:(1)大致看:模模糊糊的“瘦”的身影;(2)近看:“瘦得教人担心”;(3)仔细看:“竹枝似的手指”;(4)细细端祥:“瘦得教人担心”;(5)认出鲁迅先生,“我”再次仔细地看他的脸——“瘦”;(6)感动于他对“我”的格外关爱,不由得发出“他的手多瘦啊”这一慨叹。

这一结论得到了全班同学的认可,于是,教师进一步引导学生建构问题。学生积极思考,提出了大量的问题。其中,两个问题引导了大家的兴趣。一是“作者为什么要采用这个顺序看?”二是“为什么作者把鲁迅先生描写得这样难看,如用‘竹枝似的手指’来描写他?”前一个问题使大家对于写作应该以什么顺序展开有了更清楚的认识,后一个问题使大家对于作者描写人物背后的意图有了更深刻的体会。

最后,教师提出问题:“你可从这段中学到什么样的写作方法?”要求学生根据自己的体会当堂写一个片段,这就进入了实践建构层次。在这个建构活动之后,大部分同学对于如何依照一定顺序描写人物和如何体现描写背后的“神”有了很好的把握。

三、规范过程:将知识建构落实到课堂教学的各个环节

(一) 倾听学生,为学生提供建构的起点

建构首先要求做到两点:一是学生要有建构的意向和动机;二是学生要在已有经验的基础上进行建构①。因此,调动学生主动建构的兴趣和唤醒他们熟悉的知识经验是知识建构的第一步。有鉴于此,教师在语文教学中十分强调倾听学生,将其当作引导其建构知识的起点。

① 朱文芳.建构主义学习理论[EB/OL].人教网,[2008-07-04].

比如，一位教师在上五年级下册《白杨》时，简单几句话介绍了当时的背景，花大部分时间浓墨重彩地让学生理解爸爸说的那段话的意思。结果，学生的理解始终停留在白杨树的特点表面，即使达到借物喻人的层次也有点儿牵强。教师觉得索然无味，于是停下来，询问学生："有什么问题吗？"

"爸爸为什么放弃老家那么好的条件到新疆去工作？"

"不仅爸爸妈妈自己去新疆工作，他们为什么把自己的孩子也带去吃苦，留在老家不行吗？"

倾听了学生的问题后，教师马上意识到是自己当时社会背景介绍得不充分。于是，他迅速调整了教学，补充播放了当年专业官兵、大批内地青年开发西北、艰苦奋斗的场景。孩子们终于露出了释然的表情。他们理解了爸爸妈妈为什么不仅自己到新疆去工作，还把子女也带到那里去的真正原因。扎根边疆、创业奉献的感人情怀真正走入了学生的内心。

（二）拓展阅读，促进学生广泛吸收新知

学生已有的经验和知识是建构的基础，但仍显不够，广泛的阅读是引入观念的重要来源。由于教材篇目有限，要特别注重培养学生"悦"读态度，扩大阅读量。在学习中，语文组教师一直认为"凡是适合儿童阅读的书籍都是教材"，通过"群读类学"，拓宽文本与教材。主要方法：一是介绍书籍。依据学生的年龄特点，推荐阅读《三字经》《千字文》《笠翁对韵》《论语》等古代圣贤、先哲的经典名著，并分阶段推荐整本书的阅读，如《小王子》《窗边的小豆豆》等。二是激发动机。通过让学生填写《绿萝路小学阅读护照》，认证"我的阅读学习单"，登记阅读记录表，签盖阅读"蜜蜂章"，调动学生阅读书籍的积极性。三是引导阅读。通过晨读午诵，以及每周一节阅读校本课，敦促和引导学生阅读。

（三）丰富活动，拓宽学生外化知识的渠道

为了促进学生的内化，我校特别注重在外化上下功夫。我们深信，"外化"是杠杆，能够撬起整个知识内化的过程。通过让学生表现出自己的知识，教师一方面可以了解学生建构的情况，另一方面能够促使他们内化。

语文组以独特的视界与心灵，构筑了以下教学活动：(1)认知性活动。通过查字典比赛、朗诵比赛、记忆力大比拼等活动，检测和敦促学生提升语文自学能力；(2)欣赏性活动。通过美文推荐、节目欣赏、名著赏析等，让学生充分展示自己学习成果，提升其文学素养；(3)创造性活动。通过改写剧本、创编故事、编写小报、话题辩论等活动，让学生展示和提升其语言创作与表达能力，也让原有的知识积累充分参与并形成自己的意义建构。

在教学过程中，我们还根据单元需要将这些活动充分地融合，提高语文学习之综合性与品位性。

图 1：

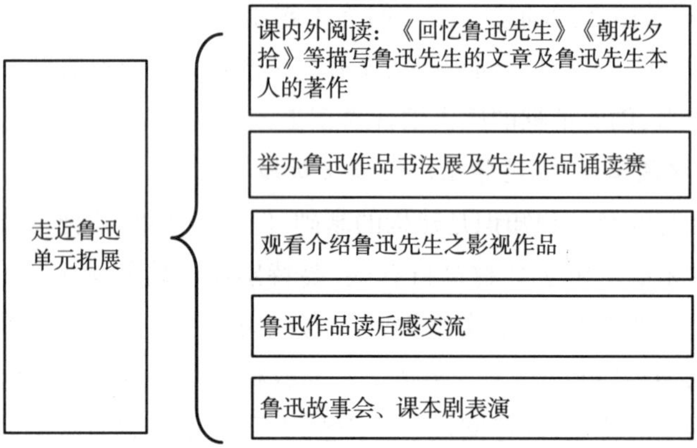

……

(四) 注重结构，引导学生建构新的图式

图式即认知结构，学生的进步往往表现为新的认知图式的建立。根据建构主义理论，促进学生建构出新的认知结构通常要求教师注意两点：一是在呈现知识中要尽量呈现知识的结构，这将有助于学生将其内化为自己的知识结构；二是让学生尝试自己画知识结构图，引导自己的知识建构[①]。有

① Vygotsky, L. S. (1980). Mind in Society: The Development of Higher Psychological Processes [M]. Harvard University Press, P. 57.

经验的教师往往会先自己呈现知识结构，然后逐渐引导学生自己画结构图。基于此，教师尝试用“图示”表达课堂，让学生将知识转化为自身综合能力。

如六年级上册第八单元《月光曲》教授中，怎样让学生更好地理解课文内容，教师在细细研读教材的基础上，将板书设计成（如图2）：

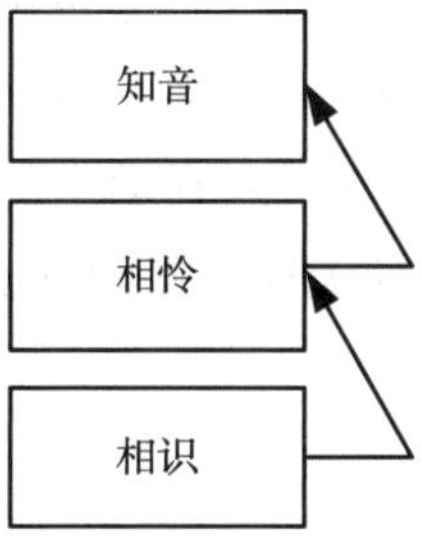

图2

并将内容串联成“相识相怜遇知音，莱茵河畔创名曲”，琅琅上口，学生心头一震，很快就意会了课文内容。

除了教师的引导，我们也充分发挥学生的自主能动性，让学生自我创造。如学习完鲁迅单元，学生绘制了鲁迅综合性格图（如图3）：

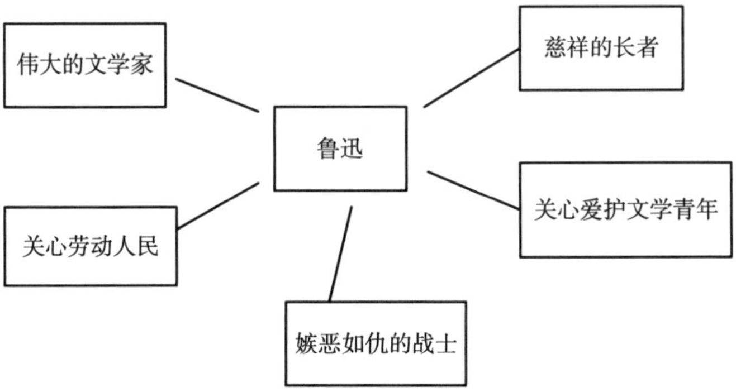

图3

语文学习并非一定要用语言文字来描述，有时创作有新意的图式，既表达了课文的主要内容，也传达了读者对知识的理解，更传递了一种对语文的热爱与构想，我们又何乐而不为了？

“水晶帘动微风起，满架蔷薇一院香”。建构主义的理论在学校实施三年来，如一粒粒奋进的种子，在践行者心中播撒，并迸发出馥郁的智慧力量。2014 年 6 月，203 班学生个性作文集《向阳花开》率先正式出版；随后，教师彭兰苏的个人随笔《行走在童心的世界里》也由长江出版社出版。同时，多位教师的优质课也分获省、市级一等奖。如今，建构主义的理论正以“自觉、自主、自强、自为”的自信理念融入到学生的行为中，它将为广大师生插上一双双隐形的翅膀，在教改的天地里共同自由翱翔！

【课程变革】

苏教版一年级上册星星主题课程案例

赵小希　黄　玲

【案例背景】

在以往的教育教学过程中，对于教学内容我们往往走的是讲授专家编写好的教材之路，单元、顺序都很少触及改变，更谈不上说各学科之间的整合。但学生又是一个个灵动的个体，知识在他们的大脑中并不是分块割裂的存在，而是形成一个有机的整体，这样运用时才会手到拈来。怎样促成学生的这种素养形成？在实践中，我们一是整合教材，将各学科中内容相近的教材整合在一起，删繁就简，去掉重复的部分，二是在一节课中实现两位甚至多位教师的融合。

【案例过程】

本着教学内容相近、单元整体教学的原则，我们在一年级开始了此项实验。目前为止，本项实验我校共经历了三个阶段。

第一阶段：实验之初，各学科的教师根据自己的教学内容，确定本学科的教学目标，各备各的课，各进各的课堂，教师之间除教学主题比较统一外，其他教学内容互不了解。此时值得关注的地方是：出现了各学科教材的单元主题化。

如《鲜花和星星》教学目标：

1. 识记生字，会正确书写生词；
2. 朗读诗歌，感受诗歌的美；
3. 背诵诗歌，会仿照课文作诗，培养学生创造力。

《星光恰恰恰》教学目标：

1. 学习节奏，并会表演；

2. 感受星空的美。

我们可以观察到,此时的教学目标,两位老师都是关注自身的课堂而定的。

第二阶段:以某一教学主题为教学内容,确定两名教师进同一课堂,教学时间上两人平均分配,各上 20 分钟左右。在此时的关注点:一是由最开始的各自为阵,过渡到两人同上一堂课;二是教学目标有了一定的改动,在短短的 20 分钟内肯定不能全上原来 40 分钟的内容,所以要求教学目标项目精简化,同时内容向另一学科互相靠近。

此时的教学目标简化、靠拢为:

《鲜花和星星》:正确认识生字;朗读诗歌,感受诗歌所描绘星空的美;会仿照课文作诗,培养学生创造力。

《星光恰恰恰》:学习节奏,创编性地律动,感受星空的美。

此时的教学目标,空间和内容上已由原来的 40 分钟变为 20 分钟内容。

第三阶段:教学目标进一步融合,教学内容进一步契合,利用情境化的教学方式将两位的教学内容有机联系到一起;教学时间上,由原来的平均分配到互相有机穿插,交相融合。

附录:

苏教版一年级上册整合案例

主题	星星单元
所属学科	语文:《鲜花和星星》 音乐:《星光恰恰恰》
授课教师	赵小希、黄玲

（续表）

教学目标	美美地读诗，美美地唱歌，美美地律动和创编，共同感受星空的美。
教学过程	**一、音乐教师创造活动情境：** 黄老师：今天，老师给大家带来了一张图片，欣赏一下，你看到了什么？学生自由回答。 师：从大家惊奇的表情、聚精会神的眼神，我也感受到了星空的美。有位诗人也看到了这样的美丽图画，把它写成了一首诗，下面我们就一起来学习由赵老师带来的诗歌。 **二、感受关于星空诗歌的美：** 1. 赵老师：小朋友们，你们喜欢鲜花和星星吗？ 今天我们就一起去草地上看鲜花、数星星。（引导学生带着感情齐读课题） 请同学们自由朗读诗歌并注意：读准字音，读通句子。把难读的、容易读错的词语作上记号。 （设计意图：对于一年级小学生来说，拿出一定的时间充足地朗读课文是非常必要的。在这个过程中，读准字音，读通句子，才能为后面的初步理解诗歌作准备） 2. 生自由朗读，边读边作记号。 3. 课件检查生字词的读音：（生字略） 生词：最喜欢、满地的、那里、真、星星、睡了、满天、数着、晚上、花儿 4. 去掉拼音读词。 （设计意图：帮助学生夯实最基础的字词教学） 5. 将生词放到课文中，我们再来读读全诗。谁来读？谁来说说课文主要告诉了我们什么？ （设计意图：整体感知诗意，让学生用自己的话说说诗意，有助于发展学生的语言能力和对诗歌的理解能力）

（续表）

教学过程	6. 点生读第一小节： “我”最喜欢什么呢？（生答） 你最喜欢夏天的什么花？学生自由说，并上台贴自己最喜欢的鲜花。每个孩子都贴，教室瞬间成了花的海洋。 （设计意图：每个孩子都贴自己喜欢的花，这是多么奇妙的感觉呀！课文是为每个孩子而写，每个孩子都为自己的体验而学） 7. 师：现在地上的花儿可真多呀！书中哪个词告诉我们鲜花很多呀？（生答） 谁再来读一读“满地的鲜花”，通过读这个词让我们感受到花很多很多。生有感情读。 师：我听出来了，你强调的是满地的。你为什么这么读呢？（生自由回答） 点生有感情地读第一小节。 配乐有感情齐读。 （设计意图：通过重点词朗读、想象、感受鲜花的美） 8. 发挥想象，自由作诗： 师：有时我看到满天的蝴蝶，我也想写一首诗，出示诗的内容，师有感情朗读。 你最喜欢的是什么？谁也来当当小诗人，仿照作作诗。先在小组内说说。（赵、黄两位老师组内倾听、共同辅导） 全班交流、分享。 （设计意图：让诗歌的语言输入变成自己的诗化语言输出，培养学生的创造性） 9. 师朗读第二小节，谁也来美美地读读这一小节？ 黄老师：同学们读得真不错，老师也被吸引了。来，黄老师给大家配上音乐，再来完整地读一遍诗歌吧！ （设计意图：赵、黄两位老师同时给每个孩子发一颗星星作为朗读诗歌的奖励，也为接下来音乐内容的教学打下基础）

（续表）

教学过程	**三、律动《闪烁的小星》：** （设计意图：这一环节让学生继续进入情景，并对奥尔夫的身势律动进行复习，为后面的律动创编积累素材） （一）演唱歌曲 1. 初听全曲 《星光恰恰恰》歌词： 一颗星两颗星三颗星，静静的夜里数星星，长长的银河天边挂，春夏秋冬看北斗星。 师：听，顽皮的小星星邀请我们参加舞会去啦！它们的心情怎么样？ 生自由回答。 2. 师：下面让我们再次感受一下快乐的星星舞会，听听乐曲中你印象最深的节奏是什么？你能试着拍一拍吗？（完整欣赏全曲） 3. 多形式演唱歌曲（齐唱、接龙唱、指名唱） （设计意图：这一环节让孩子们对本课的主题歌曲《星光恰恰恰》进一步熟悉，通过美美的感受、演唱，体验星空的美丽） （二）身势律动 1. 师：刚才已经有同学用拍手的方式来为歌曲打节奏，那么你能想出新的动作来为歌曲打节奏么？ 2. 学生创编身势律动表现歌曲。 （设计意图：这一环节让学生通过身体的律动感受音乐的活泼，星星的可爱） （三）创编舞蹈 1. 自由创编舞蹈动作表现歌曲 师：我们要快乐地去参加星星的舞会了！谁能编出漂亮的舞蹈动作呢？（师播放音乐，生自由创编） 2. 指名上台做示范，学生跟跳。

（续表）

教学过程	3. 找朋友游戏 规则:一二组的同学站成圆圈,三四组的同学自由寻找朋友,一起随歌曲边唱边跳。(设计意图:这一环节培养学生整体的音乐表现能力,因为一年级的孩子还未完全形成小组合作的常规,所以在自由创编的基础上,先扶后放,让孩子们在自由寻找朋友的教学形式里释放身体,释放心灵) 四、结束新课: 赵老师:今天我们一起分享了星星带给我们的欢乐,还有感情地美美读了诗歌《鲜花和星星》,让我们唱着《星光恰恰恰》,随着恰恰恰的舞步走出教室吧。 师生随音乐出教室。 附板书: 鲜花和星星 我最喜欢 ________________ 这里________________ 那里________________ 真比天上的星星还多

【案例反思】

《鲜花和星星》是一堂学科整合课。目前学校普遍采用的都是分科教学,学生学到的是局部的知识,联想空间受到限制。那么“学科整合”就解决了这个问题,它将多个学科聚合起来,彼此成为重要的学习资源,提高了教学效率与效果。

学科整合课如何确定教学目标?课堂上要怎么才能做到学科间无缝衔接、紧密融合?在上课前,我们经过多次教材分析、学情分析将本课的教学重点定为感受诗歌韵律,美美地朗读诗歌。整节课语文和音乐学科有效穿叉,打破了学科“壁垒”,开启了学生的心智大门,给孩子的心灵播下了欣赏美、鉴赏美的种子。

在教学时,我们注重学生自读、自悟的情感体验。借助色彩鲜明的画面和有感情地范读把学生带入情境,让学生产生好奇心、求知欲,在跃跃欲试的状态下进入阅读。在整个阅读过程中,学生始终保持主动参与的意识,老师并没有花大量的时间进行讲解,而是留给学生充足的时间进行自读自悟。通过朗读,体会诗歌所描绘的夏天美景,达到以读代讲的目的。给予学生更多的空间,就会有更多的惊喜。在拓展环节中,我们给学生展示了鲜艳的图片,并通过让他们说一说自己喜欢的花,并把自己的花贴在黑板上的教学环节来产生强烈的视觉冲击,使学生更直观地感受“美”。在“争当小诗人”环节,学生自己去作诗,他们的想象就像插上了翅膀一样,发言一个接着一个,一个比一个精彩。

深受学生喜爱的课堂才是有生命力的。最后的音乐律动结束后,孩子们兴致盎然,竟不舍得离开课堂,足以说明这堂课深受他们喜爱。虽然整合的过程中,遇到了各种困难,未来还有很长的路要走,但我们有信心相信:课堂上孩子们的笑容,会是我们实现更多学科整合的最强动力。

阅读课的新形式——文学沙龙

韩　芳

【案例背景】

《居里夫人》是一本人物传记,作为单元教学的拓展阅读是不可多得的读本。我从图书馆借来,发给全班同学,人手一本,告诉大家:居里夫人是老师的偶像,请大家一个月之内读完这本书,一个月之后我们要来开一个追星沙龙,凡是对我的偶像了解颇多的,放学后留下来,老师请吃披萨。同学们的兴趣一下子高涨起来了。

【案例过程】

一个月很快过去了,有些同学的书边边角角已经有了些许褶皱,还有的书明显厚了许多,那是经常翻页而使书页篷松了。还有的同学的书上已经有了许多记号,红色的、黑色的……周五下午两点半钟,追星沙龙正式开始。

一、创设情境,进入角色。

师:你们见过明星见面会吗?

生:电视上见过,好激动,场面非常火爆。

师:可是,今天,我们的明星因为已经长眠于地下,不能来和大家见面了。(学生哄笑)

师:没关系,她不在现场,我们可以尽情地谈论她。好的,坏的,畅所欲言。(学生再次哄笑)

师:那我们的居里夫人追星沙龙正式开始啦!先想问问大家:什么是沙龙?

生:就是大家坐在一起讨论讨论,随便说说。

生:感觉沙龙应该有自助餐,有水果点心之类的。(学生哄笑)

生:沙龙应该是某个小团体在一起开会,商量某个事情。

师:那你见过的的沙龙有哪些呢?

生:宠物沙龙、美发沙龙、美容沙龙、文学沙龙、摄影沙龙……

师:哦,我明白同学们的意思了,沙龙就是一群志同道合的人,在一起轻松愉悦地讨论某一类话题,那如果给我们今天的沙龙取个名字,你觉得叫什么比较合适呢?

生:居里夫人文学沙龙。(反思:此环节设计意图是给学生营造一个轻松愉快、自由民主的氛围,打破平时上阅读课、语文课的条框框,让大家脑洞大开、思维开阔,想说、敢说)

二、进入正题,讨论题材

师:谁能说说,这本小说的文学体材是什么?

生:自传体。

师:什么是自传?

生:自传就是自己写自己的故事,一般都是回忆录。

生(补充):这本书里面不仅有居里夫人的自传,还有她的女儿和她的丈夫写的关于她的故事。

师:那这样的叫什么呢?也叫自传吗?明显不是。

(学生皆疑惑表情)

老师答疑:他传。

师:所以一般写人的小说以“传”这种体材居多,分“自传”和“他传”。

(同学们顿悟的表情)

(反思:任何一本小说,在最初阅读的时候,一定要弄清楚文学体材,因为不同的文学体材有不同的阅读方法和阅读目标,如果混沌不清,则容易走马观花,一目十行,行而无效)

三、整体把握,弄清目标

师:你在读传体小说时,主要要了解哪几个方面?

生:了解人物的生平事迹、包括他的童年、青年、中年、老年,整个人生的生活轨迹。

生(补充):既然是名人,肯定有他过人之处,所以精神品质和他的成就也是要去体会的。

(设计意图及反思:读传体小说,一定要了解人物生平,因为一个人的生活阅历是可以决定他的人生成长方向的,只有弄懂了他的一生成长轨迹,才能真正懂得他的人格形成原因及他的性格现状,从而去体会、感悟名人内心世界以及他的传大之处)

四、思维碰撞,精彩片断

师:居里夫人的成长史究竟如何呢?请听大家的分享。

(1) 生1:居里夫人的童年生活其实最初是非常幸福的,爸爸是学校教师,博学民主,妈妈是家庭主妇,温柔贤惠。家里两个姐姐,她是最小的,最受全家人呵护和疼爱的。

生2反对:我不这样认为,因为后面有一句话,我觉得她的童年生活是很压抑的,因为爸爸妈妈管得特别严,而她是一个天性比较爱自由的孩子,所以我觉得她的童年生活并没有想象中的那么幸福。

(生翻到书的那一页,读出来:养母家在农村,她在草原上撒欢,自由地奔跑,这是她童年中最快乐的时光)

生1开始一脸疑惑,当她跟着生2翻到书中那一句话时,释然的表情。

师:有多少同学和生1一样,是认为居里的童年生活非常幸福快乐的?(举手一大半)

师:那现在同意生2意见的同学请举手。(齐刷刷一大片)

师提出疑问:那产生这种分歧的原因是什么呢?

生1:读书要前后连贯,不能断章取义。

生2:读书要带着脑子读,边读边思考,要深度思考。

(反思:让学生充分发表自己的看法,产生思维碰撞的火花,并从中去反思总结,这是自然生成的发自学生内心的智慧,难能可贵)

(2) 师:这本书中有一个人物:皮埃尔。他在居里夫人的生命中起了什么样的作用呢?你是怎么看待他的?

生:如果没有皮埃尔,居里夫人就不会走上科学研究这条道路,也不会有后来的成就。

生:皮埃尔一直是不婚主义者,但是他碰到居里后,却产生了想和她结婚的念头,这说明他很爱居里,和居里志同道合。

(有个别女生男生在下面掩面偷笑,羞涩的样子)

老师大大方方接下话题:是呀,居里竟然让皮埃尔这个不婚主义者动了心,足以说明居里非常优秀,也说明皮埃尔对居里的爱非常真挚,他们两人相伴终生,既是生活中的夫妻伴侣,又是科学研究中的同事朋友,多么美好的感情啊!(那几个偷笑的学生也为之动容了,老师正确的价值观的引导对学生的成长也是起着举足轻重的作用,虽然他们还只是懵懂少年。)

生补充:我觉得这一切还是因为居里自己努力,如果她不是后来坚持上了大学,怎么会碰到皮埃尔？如果她那时候不想着改变自己,就随遇而安,在小乡村里当代课老师,可能她后来的丈夫只会是一个农民或者一个马夫。我觉得他们还是门当户对。

师轻笑:这个同学,你觉得什么叫门当户对？

生挠头:应该就是说两个人学历差不多吧,家庭条件也差不多。

师笑:那如果你以后想找一个很优秀的伴侣,需要什么样的条件呢？

生举手,大方回答:首先应该自己变得很优秀。

(虽然感觉话题被学生扯得有点远,但是没有想到六年级的学生开始对人生伴侣问题有这样深的看法和感悟,这个同学在课堂上的铿锵话语应该对其他同学也有所触动吧,说不定在这一瞬间,会改变某个人的一生)

对于居里夫人对待荣誉的态度,你有什么想说的？

生:居里夫人淡泊名利,把世界级的奖牌给小女儿当玩具,这足以说明她根本没有把名利当回事儿,她是一个一心搞钻研的真正的科学家。

生 2 反对:我不这样认为。居里夫人为科研事业,落下一身的病痛,她的晚年过得非常痛苦。这是非常不应该的,我觉得很痛心。其实,她应该把专利卖出去,既可以拿这一笔钱来治病,让自己晚年过得舒服一点。也可让商家把这份事业发扬光大,慧泽全世界的人。

生 3:其实,这主要还是居里夫人作为世界级科学家的一种情怀。乐于奉献,不求回报。我觉得人各有志,自己觉得想怎么做就怎么做,不需要在乎别人怎么看。

(生 3 面对生 2,开玩笑说:如果你是居里夫人,你一定会用自己的智慧来谋取利益,我觉得未尝不可,我挺你,但是别人怎么看你,那我可就没办法控制了。不过,我想,你肯定会受到道德的绑架)

反思:最后经过大家七嘴八舌,认为精神可贵的还是占绝大多数,在十一二岁这个单纯美好的年纪,学生还是更注重精神和道德的伟大。少数学生早熟,对利益和物质已经有了一定的看法,无可厚非,老师还是要用正确的导向去引导学生,并尊重其他学生的看法。

【案例反思】

课外阅读课不是语文课,更不是阅读课。课外阅读课注重的是学生分享、生成自己的阅读感受,老师从中搜集信息,提炼出能够帮助学生下次能够更好阅读的指导方法,并且让学生理解、接受这些阅读方法,并能在下本书的阅读中去实际运用,使自己的课外阅读一次比一次更科学、更有效。学生在课上应该是大胆发表自己的看法和意见,并且敢于发出和别的同学不一样的声音,因为每个人的阅读感受和体会都应该是有着或多或少的差别。在阅读课上学生一边发表自己的观点,一边听取别人的看法,再进一步生成新的更加全面更加深刻的意见,这也是阅读课上的成长;即使阅读能力稍微欠缺的同学,通过其他同学的分享,能够再次更多地去了解小说内容,增加自己的阅读认知,也是一件极好的事情。

探索神奇的电

三年级《神奇的电》主题课程变革案例

【案例背景】

"水至此而夷,山至此而陵",宜昌因山清水秀而得名,更因为世界水电之都享誉天下。全市水能开发总量达3000万千瓦以上。在以宜昌城区为中心、半径40公里的范围内,已建成长江葛洲坝、清江隔河岩和高坝洲3座大中型水电站,世界最大的三峡水电站三峡工程建成后,水电装机总容量可达2900万千瓦,年发电总量可达1300亿千瓦时,宜昌将成为世界最大的水电能源基地。

瑞士教育家裴斯塔洛齐曾主张:"必须将学生从自然的观察或经验所学习到的感觉和印象,转化成为学生自己的观念而能表现出来。"换言之,他认为,应用感官,直接与实际事物接触而获得直接经验,他认为教育的基础不在于书本的学习,而是实际的生活。

作为宜昌人,我们有大好的条件为身在宜昌骄傲自豪;而作为宜昌人,更要了解家乡，热爱家乡，建设家乡，这是赋予我们肩上的责任。

源于此，我们在三年级学生中开展了《神奇的电》主题探究活动。

【案例设计】

依据主题和相关学科知识联系的恰当性，按照主题推动环节的设置原则，我们三年级组经过研讨后，将本次的主题分为认识电、生活中的电等三个大的板块。

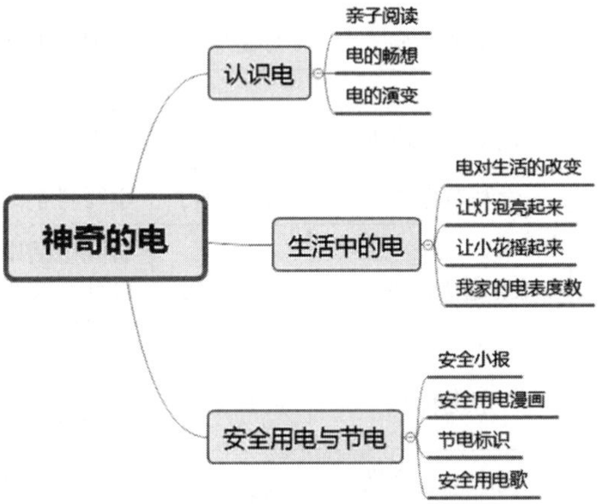

图 7 – 4　“神奇的电”课程图谱

在确定具体内容的基础上，我们根据课时对每次的学习内容、学习形式和学习方法、要求又做了具体的要求和安排。

时间	节次	学习内容	学习形式	学习过程
第一天	1、2 节	共读两篇文章 《我是电》、 《电的常识》	分班学习	用思维导图做阅读记录
	3、4 节	专家讲座 《电的认识》	集中学习	初步感受电的来源
	5、6 节	电的演变、 我家电表度数	分班学习	了解电的发展史
第二天	1、2 节	电的实验	分班学习	了解静电、组装简单电路
	3、4 节	电的安全 创编节电歌曲	分班学习	了解静电、组装简单电路
	5、6 节	学写节电作文	分班学习	学写科学幻想作文
第三天	1、2 节	太阳能玩具实验	分班学习	研究生活中的节能产品，并设计开发小型节能实验，绘制设计图。
	3、4 节	节电标识	分班学习	了解英文节电单词 绘制节电标识
	5、6 节	我家电表度数 交流节能节电行为	分班学习	了解每天家庭用电量、家用电器的耗电量
第四天		节电节能演讲 宣读倡议书 张贴节电标识	集中学习	通过演讲、倡议书引导身边的人一起来节约用电
第五天		分班整理收集资料		

图 7－5　“神奇的电”课程安排表

【案例过程】

1. 认识电

在“认识电”中，我们首先布置了学生在家与父母共读有关电的文章或书本《神奇的电宝宝》《德国少年儿童百科知识全书：什么是电》《儿童安全用电漫画读本》等，与父母共读，和父母互说，并将阅读始终贯穿在整个活动中。

在初步了解电以后，有的孩子说：“以前只知道进门就开灯，凡事只用电,却不知道隐形的电还有这么多的故事和知识。”孩子的语言朴实却真挚。孩子们惊喜地发现原来书本知识和现实生活结合的这么紧密。

此项主题课程开头实施阶段比较困难,因为理论性较强,比较枯燥。学生一听摸不着头脑,所以我们通过动漫播放的教学形式去引导学生进入到“电的演变”这一课时。视频《电的演变》将声、图、文三者结合,像时空穿梭机一样,将孩子们瞬间带入到了电的演变历史上几个比较关键的节点。既激发了孩子们的兴趣,也使孩子们对“电的演变”时间脉络有了基本认识。视频《神奇的电》通过生活中的日常小事介绍了电的作用以及重要性。从宏观认识再具化到生活中,贴近了同学们的生活,使之加深了印象。

接下来是在学生对电有了初步认识的基础上,指导学生完成“我是电”的思维导图。同学们充分发挥了自己的想象力,从生活作用、重要性、用电安全、新能源发电等等方面,将对电的认识进行梳理,把电与生活紧密结合,不光内化了电的理论知识,还将电带入了自己的思维和生活。

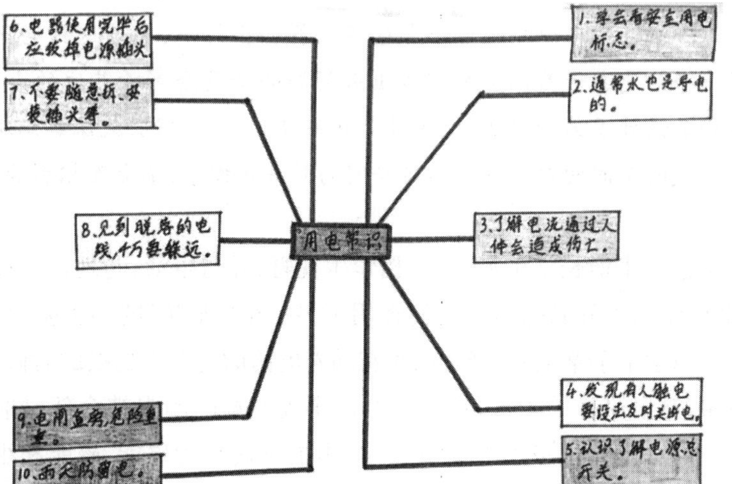

图7－6　学生绘制关于用电常识的思维导图

2. 生活中的电

通过前面对“电的演变”和“电对生活的改变”两个阶段的学习，同学们对“电”有了一个初步的认识。在此基础上，我们又设计了四组实验，让他们真正去体验电的神奇，让他们也能像工程师一样设计自己的电路。科技组的王霞老师从最基础的电路组成：串联、并联电路开始，引导学生完成“灯泡亮起来了”的实验。学生走进实验室，亲自动手做一做有关电的实验，“灯泡真的亮起来了！”孩子们一片欢呼。知识从而内化成为学生自身的行为。

学生鲍晨宇活动结束后这样介绍：

> 我们活动小组一共设计了四次实验。第一次实验是用一块电池，一个开关，若干导线，让我们的小灯泡亮起来，这个时候我们发现小灯泡的光很微弱，所以我们又进行了第二次实验，增加了一块电池，让我们的小灯泡更亮了，再后来，我们又设计了第三次实验，好比路上的霓虹灯一个开关可以控制多个颜色不一样的小灯泡，但是这种电路中如果一个灯泡或者其他某个部位出来问题的话就会影响其他的小灯泡，我们又设计了第四次实验，用多个开关控制多个灯泡，就像妈妈房间的灯和我的房间的灯分别由各自房间的开关来控制，不会互相影响。

为了进一步增长学生见识，开拓学生视野，并与生活、与现代科技紧密接触，数学组的张静老师为学生们选用了另一个“神奇”的小实验：小花摇起来了！当学生手拿电筒，静止的小花随着电筒的光左右摇摆的时候，学生睁大双眼，露出惊奇的表情，这是怎么回事呢？疑问的眼神全部对准张老师。张老师解释说：手电筒的光能发电，电能又转化为磁能，磁能和小花内部的磁石互相影响，最终产生运动，这样，小花就摇起来了！这是各种能量之间相互转化的实验。

了解了电的产生和运用，接下来同学们又回到家中，观察家用电器的用电情况。数学组的老师在和学生共同分析的基础上，设计了“我家的电表度数”这个板块，学生在父母的配合下共同完成。

主题课程学习任务清单（二）

用户姓名	马萩蔓	周平均用电大约计（ 52 ）度	周缴费约计 30 元
家用电器统计	例：照明灯 12 盏，合计 0.48 千瓦时；		合计 5.013 千瓦时
	电冰箱 1台，合计1.1千瓦时；		
	电视机 1台，合计0.18千瓦时；		
	空调 2台，合计3千瓦时；		
	电脑 1台，合计0.3千瓦时；		
	洗衣机 1台，合计1.6千瓦时；		
	电风扇 1台，合计0.045千瓦时。		
用电习惯调查	晚上一般开几盏灯？		1 盏
	电视每天开多长时间？		2 小时
	经常使用的电器是哪些？		空调、电扇、电冰箱
	是否正确使用电器？		是
	是否安全使用电器？		是
	是否节约使用电器？		是
	父母都有哪些用电陋习？		开了空调一直不关
分析讨论	正确使用电器怎么做？		不用湿手碰电
	安全使用电器怎么做？		在父母的陪伴下
	节约使用电器怎么做？		作业完成后马上把台灯关掉
建议	家人用电不好的习惯怎么改？		把空调的制冷温度调到26℃
	我们能怎么用电？		电器不用时关闭电源，拔下插座

3. 安全用电与节电

既然生活中处处离不开电，那如何安全用电、节约用电呢？年级组的郑圆圆老师、蒋玉萍老师、黄双老师、许莎老师依次从制作小报、漫画设计、英语标识、创编歌曲的角度来调动大家的积极性。

美术组的蒋玉萍老师组织学生用漫画或连环画的形式来表现日常生活中的安全用电的小故事，从而让学生掌握安全用电的常识，提高安全用电的意识。

在漫画创作前,学生收集了大量的资料,包括触电事故案例、生活中安全用电的常识等。从收集资料,学生自学,知识汇总、小组交流到漫画创作用了整整2周时间,学生创作出了许多有意义的安全用电漫画作品。

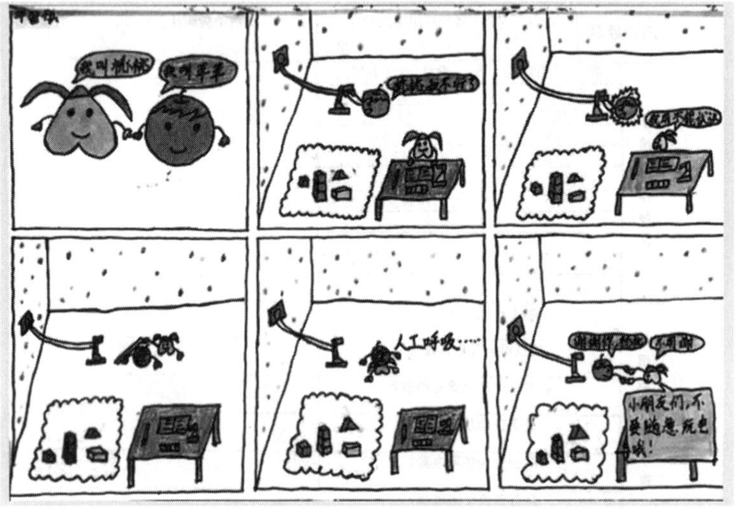

学生漫画作品

主题课程的目的在于让学生通过知识学习,掌握一定的思维方法和观察方法。那么,这次课程在英语教学中又如何渗透?这是黄双老师苦苦思索的问题。活动之初,她以为学生仅仅只能查出电视、电灯、电脑这样的英文,因为三年级的英语才刚起步。活动结束时,她惊喜地看到学生连剃须刀、吹风机这样细致的电器单词也查出来了,甚至还有很多像“节约用电”这样的短语或句

学生自创的英语节能标识

子。黄老师由衷地说:“看来学生的主观能动性能量非常巨大,在今后的教学中一定不能忽视学生的自主性!”

在学生充分阅读、了解有关安全用电的知识后,许莎老师让孩子们运用传统语文教学中的押韵和音乐课堂中的节拍等知识,对照适合孩子们年龄特点的经典曲谱,自己创作歌词,然后分小组练习演唱及动作的合成,最终形成比较成熟的作品。

学生自创的节约用电歌曲

节约用电最好的学习莫过于身体力行。“神奇的电”这一主题课程的教学虽然结束,但节约用电这一大课题还将在我们的生活中继续,年级组的卢寅莹老师向全校发出了“节电倡议”。

绿宝“i”学主题课程项目单

课程项目	写《节电倡议书》	课时数	4
适用年级	三年级	涵盖学科	语文、数学、科学、英语、音乐
课程目标	1. 知识目标:学会写《节电倡议书》。 2. 人文目标:倡议身边的人节约用电。		
课程内容概要	1. 学习倡议书的格式。 2. 练写写倡议书。 3. 与父母、老师及其他年级同学签约,倡议他们节约用电。		

（续表）

主要教学方式	课堂实践
具体实施内容	第一课时 一、观看浪费电的视频，谈谈观后心里感受。 二、观看节点金点子视频，打开孩子的思路，谈谈自己还有哪些节电方法。 三、指导学生学写倡议书 1. 倡议书的内容（投影出示） (1)倡议什么事；(2)倡议的理由；(3)要大家做什么；(4)提出解决问题的具体做法。 2. 倡议书的格式（投影出示） (1)根据倡议书的内容拟定标题；(2)写清楚倡议书的倡议对象；(3)写具体倡议的内容；(4)写清楚倡议人的姓名及日期。 四、分小组讨论 1. 小组内每个成员说自己的倡议内容，组长执笔写下来。 2. 小组派代表将本组的倡议内容在全班交流。 3. 师生评议哪些项目是必须有的，哪些是多余的。 五、师点评并总结。 六、学生练习写倡议书。 第二课时 再次修改自己的倡议书，并誊写在作文本上。 第三课时 一、小结习作情况。运用激励机制，总结这次习作情况，并表扬习作优秀、进步的同学。 二、提出任务。这次习作评讲的重点是： 1. 倡议书的格式是否正确； 2. 倡议的理由是否充足； 3. 倡议的内容是否分条列出，清楚明了。 三、欣赏佳作，师生互动 1. 欣赏佳作片段，共同评议。选择三位学生的习作片段进行评议，说说值得学习的地方，或指出其中不足之处。 2. 评析两篇学生的整篇佳作，抓住评讲重点评议。 四、小组交流，互评互改 1. 互读习作，互相指出优点和不足。 2. 自评自改，继续完善习作。 五、用书法纸工整地誊写，并美化版面。或添节点标识，或添英文。回家跟爸爸妈妈签约。

（续表）

主要教学方式	课堂实践
	第四课时 一、利用某周一大课间，在学校广播宣读年级的一份《节电倡议书》。 二、下午带着自己的倡议书，走进全校各班、各办公室，与同学们、老师们签约。
课程评价	评价一：奖励倡议书写得好的同学。 评价二：根据签约情况，奖励影响力大的同学。

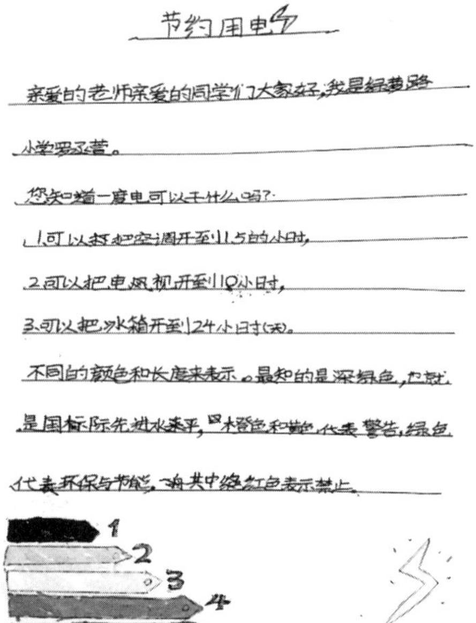

图 7－1　学生节约用电宣传

【案例反思】

在此次主题课程活动中，我们三年级组全体老师全员参与，学生每人共阅读文章 32 篇，听大学教授讲座 1 次，集体到三峡发电站参观一次，课内实验10次，课外实践21次。在本次活动中，读、看、查、听、唱、画多种感官高度融合，学习的积极性得到了最大限度地发挥。本次主题课程的实施，使教师的教学目标观也由知识本位走向了能力本位、核心素养，教师的目光由知识向关注人的成长转变；学生的学习方式由被动接受转变为主动合作探究；教学空间由学校、课堂拓展到家庭、社区、社会，形成学校、教师、学生、家庭、社区、社会全方位的教育互助，最终指向学生核心素养的形成与提升。

（绿萝路小学三年级组执笔）

第八章　成长故事

第一节 学生成长故事

忆绿萝说

秦木子宸

夫天下之根深于土壤之属，奇花异草，莫测变换。前纲万目，不可历历数也。然记其中深刻者，是为绿萝。

绿萝者，藤蔓也，善攀援，生命力甚为顽强。多叶少华，展荣之时极难遇矣。其叶肥大厚亮，似盔胜盾，油光可鉴。故强列盆栽之类。或置之廊侧、栏杆、阳台处。具向日，尽显朝气蓬勃之貌。

余幼时母校尝以绿萝为名。若夫日出而绿萝熠熠生辉。晦明变化者，绿萝之叶；脉络晶莹者，绿萝之茎；幽然涩香者，绿萝之处。校内校外，绿萝遍地。明明校园，书声上下。斑斓光影师长意，缤纷赤诚学子心。

一日，余受师护治校内绿萝，时逢骤雨，如泻如倾，足不出户半步。余于檐下遥望雨中绿萝。视其低昂烟雨中，巨叶若不起纤毫之用。任雨欺其身，凌其神，躏其骨，卑躬屈腰，俯身颔首。观天，乌云滚卷，豆雨杂落。阴风怒号，沉雾冥冥。余心惊，绿萝何罪何苦，枉受如此天谴？却问温室之花尝见此险恶焉？适年少轻狂，斗胆发问。

盖天下名花，艳花，具因人而名，以名人之爱慕而扬其名。晋陶恋菊，唐宗赏牡丹，宋教实爱在莲。罔不闻名天下。何故使是类之花受此殊荣？处此异境？其香？其容？其义？理皆强矣。

不日晨。复近观绿萝。犹存,乃不尽凋零,失数片巨叶而其貌不减。所余之片,惟颗露上挂,莹激之光映绿萝之神。绿萝之可贵,恐惟“坚毅”可论矣。细说珍名之花,各含其义。绿萝者不亦有其独有神意乎?而绿萝安能称花乎?无此一说!只因这天下植物大也分个三六九等。

小生无能,无才爱莲,无胆爱菊,亦无权贵爱牡丹。仅寄心绿萝,苟延残喘于无休止风暴中!

我在绿小成长的故事

601 班　魏璟熠

绿萝路小学,是一所充满生机的学校,它是我成长的摇篮。在这里,我曾撒下汗水,也留下一串串欢乐的音符。在这里,我经历了许多人生的第一次,第一次举手发言、第一次升旗、第一次得奖状……

这里的每一朵花、每一片树叶、每一级台阶,排列整齐的桌椅、明亮的电灯,还有那和蔼的老师、可爱的同学,在我的记忆和体验中,都是亲切的。我永远难忘,运动场上的那一幕。我站在起跑线前,“砰”,发令枪响,大家如离弦的箭,飞奔出去,我咬紧牙关,只想着快些、再快些。跑道旁,同学们呐喊着为我加油,声音震耳欲聋。忽然,我一个踉跄,扑倒在地,我顾不得疼痛,立刻爬起来,继续奋力奔跑,可还是没有拿到名次。我十分沮丧,但意外收获到了同学们对我竖起的大拇指,也明白了:不轻言放弃,就是强者。

我永远难忘,教室里老师们亲切的话语,使我们身临其境,在知识的海洋里遨游。记得一年级时,我总是不敢发言,老师鼓励了我,那一句话,到现在,仍记忆犹新:“相信自己,你能行。”从此,我成了课堂上的“活跃分子”,辩论会、演讲赛,就是我的舞台。

在绿小,我从懵懂无知的孩童长成了自信阳光的少年。母校,带着您的嘱托,我将继续前行。

童年记忆中的青青园

503 班　李雨晴

童年,是一段不可泯灭的回忆,是一场无法回头的冒险。这段时光,或许像甜润的蜂蜜,一点一滴尽是甜蜜;又或许是醇厚的巧克力,微微发涩的苦令人留下深刻的记忆;又或许好似一杯柠檬水,喝下后口腔中总能体会到酸涩和甘甜交织出的回味无穷的生活的乐章。学校在其中扮演了不可或缺的角色,从牙牙学语到步入社会,老师,同学和校园构成了无数人的青春岁月。我亦是如此。

想起在刚刚四岁时,就已和我们的校园相遇。彼时学校后的东山公园还有着许多的游乐设施,是我常去的地方。那时,我爸爸常带着我站在围墙后看它。学校的模样虽和现在有了变化,记忆中的鸟叫倒甚是相似。当时的我已然对这所学校动了心,以至于当父母让我选择学校时,虽然这儿离当时的家路途遥远,但从未有其他考虑。吸引我的不是简约的教学楼,平坦的操场,艳丽的校服,而是学校后方古色古香的小园子——青青园。

我和它的缘分或许是在开学前一天。当时,面对陌生的环境,陌生的人群,陌生的声音,虽然兴奋,但伴随着的是更多恐惧。还没改掉幼儿园拖沓的习惯,不出所料的又晚到了些,只得坐在教室的最后一排。面对不熟悉的同学,只敢默默地坐着,看见有人走过来就慌忙问是不是占了别人的位子。沉默着跟着老师们来到操场,听了什么已记不太清,却难以忘记看到青青园的第一印象。

那时夏末秋初,虽说秋意已经来临,炎热依旧是八月尾巴的主旋律。水泥的楼梯和墙面,衬出木质门框的古朴。走上几级平缓的台阶,便可看到迎春花的茎叶。两侧的长方体柱子上,用墨绿色镌刻上了一组诗句。顶上的"青青园"三个字十分大气,却也不失典雅。我仅仅是远远地眺望它,独特的气质就已令我惊叹。慢慢走近,属于夏的骄阳透过树枝洒在地上,属于秋的清风刮起落叶,融合的是那样自然,那样令我惊叹。风不算小,刮着枯叶卷起了旋涡,衣袖也被吹动,被催走时脑子里依旧在不断地重播这幅由大自然创作的画。

开学后,慢慢的也融入了环境。认识了现在的一群挚友,也会主动开始找别人说话。虽然出于安全的角度,老师不允许当时还小的我们去青青园一探究竟。那时的确不理解老师,回到家写在了家校本上,第二天的收到了老师肯定的答复。从此我就成为了咱们班青青园的第一批“开荒者”,心里莫名还有点隐隐的自豪。

兴致勃勃的我们欢快地跑进了青青园的大门。由于之前这片土地还是公园,花花草草什么的也确实是漂亮。深处的亭子边有几棵古树,走近就会被一股淡淡的树皮味包围。有一排同是刻着诗词的座椅,零零散散的也分布着仿造树桩的石桌石椅,让整个园子都飘散着古风古韵的味道。我细细看着各种植物上挂着的资料袋,顺便闻了闻这些袭人的花香。

“不好啦! 有人被蛇咬啦! 快跑!”前方突然出现的几个跑得上气不接下气的人和一句句叫喊声吓了我们一跳,不管三七二十一的跟着他们跑了起来。一路狂奔到了教室,缓了好一会才开口问道:“呼……是……是谁被蛇咬了?”“不知道啊,是他告诉我的。”“我也不知道啊,看他们都在喊我也跟着喊了。”问了一圈,至今也依然不知道它到底是真是假,只好把它当成是一个善意的玩笑看了。

在这里,我们嬉笑过,打闹过,追逐过,吵架过,原谅过。失落的时候,庆幸自己在这样的一所学校里,身边的味道都能让人安心……

时光匆匆,虽然记忆可能会淡化,会丢失,但我相信,这所学校的青青园,永远会停留在我的记忆中。

难忘的“跳蚤市场”

101 班　刘珉睿

每年年底,学校都会组织“跳蚤市场”的活动。我们可以把不玩了的玩具,不看了的课外书,以及其它闲置不用的东西拿出来卖给别人,同时也可以去购买别人提供的二手物品。

头天晚上我就在家迫不急待地跟妈妈一起挑选好了要卖的物品，还精心制作了招牌。第二天一大早就带到了学校。在学校操场上，很多同学已经把摊位摆好了，各种各样的商品琳琅满目。我也赶快找到一块儿空地，拿出瑜珈垫，把要卖的商品一样一样地摆好，还摆出招牌，摊位准备完毕。

摊位摆好后，我就使出我学口才多年的本领，开始吆喝起来。没多久，就陆续有同学来到我的摊位前。有的同学没有找到心仪的商品，看看就走了。因为是二手物品，我定的价位也不高，但还是有同学嫌商品太贵，在一番你来我去的讨价还价中，仍觉得价格没有达到心理的预期，交易还是没有成功。有的同学在还价后，我稍微少了几块，终于勉强成交。只有少数同学看到了自己非常喜欢的东西，毫不犹豫就买了。在一番努力之下，商品终于卖完了，看来做生意还真是不容易啊！

学校组织这个活动，让同学们清理卖出对自己无用的东西同时也可以使其他同学以低廉的价格买到有用的东西，达到了变废为宝、资源共享的目的。让我们学会了勤俭节约的生活作风。锻炼了理财能力，促进了同学们之间的交往。

这次活动让我体会到了劳动的光荣和快乐，也体验到了父母赚钱的辛苦。以后要多体谅父母，学会勤俭节约，不乱买东西。期待下次再参加这个活动。

绿小的红旗

603 班　裴映荷

小时候，早上来到教室门口翻不了窗，就蹲在墙边看墙上贴的墙画，半仰着头玩铁门上的锁。早上人少，我和伙伴走过楼下的门，见过食堂旁的小道，还有哪里曾闯荡呢？

来得早，拿着扫帚和抹布去打扫六层的楼道，上到顶了，就不见楼梯的拐角。擦完了墙，奇怪的是：六层也有楼梯拐角？我移动抹布擦过落尘的栏杆爬了上去。“绿苑”？一扇米黄色的大门居高临下地望着我，门上立着两个大字，我上前去，下意识碰了碰，抹下一层薄灰。

“喂！快回去啦！”伙伴叫着我。

“你们先走吧！”我应道。

推了推门，有些重，我使足了劲儿将门推开。没离开的小伙伴跟着我从小小的门缝里挤进去。

“这就是楼顶啊！”我从方才的兴奋中平静下来。看着脚下密密麻麻看不到尽头的小方砖，感受着比教室里清凉许多的拂过脸庞的微风，我走近矮墙，扶住冰凉凉的不锈钢栏杆，伸出头去。操场上的国旗那么近那么红的飘在我的眼前，我能清楚的看到五颗金黄色的醒目的星星。

微风没有阻碍的吹过来，叫醒了愣怔的我，看看时间不多了，我拉开门快步离开了屋顶。当我回到三楼，再次看到鲜艳的红旗时，不禁想起每周一的升旗仪式。

站在国旗台前，从容不迫接下话筒，宣读着我们的口号，看着同伴牵着大大的五星红旗走来，一语罢响起国歌。

六年一逝，绿小的哪个地方我没有去过？我很骄傲，我能这么说。我眨眨眼，蹬脚一跃，拍了拍教室的门框。期末考试那天放学我们打扫完教室，我又见到玻璃窗上映着的红影。

“快看那儿！”“嗯，难得有风吹起红旗呢！”我推了下鼻梁上的眼镜，一路欢笑着奔下楼去。

夕阳的光，很耀眼呢！

趣味运动会

204 班　李昕桐

我的小学生活可丰富啦！有既能锻炼身体又有意思的素质操；有欢乐多多的爱心义卖；有丰富多彩的六一儿童节 party；有别具一格的语文整合课；有春种夏收西瓜节；有秋收冬藏蜜糖节……我最喜欢的还是趣味运动

会,要问为什么呢？就听我来讲一讲。

运动会开始了,操场上响起同学们此起彼伏的欢呼声,可热闹了。

第一场,一二年级的毛毛虫比赛。蓝色的毯子静静地趴在地上,十几个同学组成一条“毛毛虫”在上面扭来扭去,每个人除了做好自己,还要紧盯着看着前面的同学,否则“毛毛虫”的身子就被扯得四分五裂啦。大家必须齐心协力才能获胜,参赛的同学很开心,我们看的也很开心。

第二场,二年级的投包入框游戏。一个比我们高一大截的圆柱框摆在我们面前,每位选手一个接一个的往里面投沙包,没有投中就捡起来继续投,规定时间内投中最多获胜。选手们争分夺秒,沙包划过一道优美的弧线,有的中了,有的散落在外面,还有的甚至砸中了同学的脚,惹得同学们哈哈大笑。

第三场,二三年级的跑步比赛。选手们飞快地跑着,像风一样快。我想:“如果我坐在第一排,头发一定都吹的不像样了!”

第四场,五六年级玩的滚滚球游戏。首先把一个巨大的球往前推,在终点转一个圈,原路返回,速度最快的队伍胜利。巨大的球挡住了大哥哥大姐姐的眼睛,推球完全凭感觉。看着选手们卖力的将球越推越远,竟然毫无知觉,我们看着都急死了,真恨不得上场去拉他们一把。

第五场,二年级的“我是最长绳子”大赛。这些参加的同学基本功都非常扎实,一个接一个劈叉,脚对着脚,队伍最长获胜。每位女生和男生都劈的直直的,像跳芭蕾的演员一样,都做的很到位、很标准!

第六场,四五年级玩的双人抬单人。我感觉被抬起来的人像可怜的鸭子,马上要被送进烤炉里了;又像懒惰的小猪,不想走一点儿路……

看,这就是我们绿小的趣味运动会,你是不是也觉得很好玩呢!

我是绿小大队委

402 班　封清扬

四年级,我有幸当选了大队委员,竞选时的情景,让我记忆深刻。

那是一个天气晴朗的下午，郑老师宣布了竞选规则："每个人都有机会，首先自荐，然后公平公正的投票，票数最多的前二名当选大队委员。"话音刚落，我毫不犹豫地举起了手，最后我以第一名36票的票数当选。

在大队委的日子里，我慢慢体会到作为一个大队委员的不易。我最深的体会就是想要管理服务好别人，首先得做好自己。张老师是管理大队部的老师，她在升旗仪式时常常对我们说："大队委每周一要佩戴好红领巾，穿好校服，自己做好榜样，才有资格去管理别人。"我牢记张老师的话，只有自己做好表率，严格要求自己，才能去监督和管理别人，同学们才会心服口服。

每周一的升旗仪式，我们大队委都会站在"99个好习惯"宣传板前面，和全校师生一起注视着冉冉升起的五星红旗，作为一名绿宝，我心里充满了骄傲和自豪。

在大队部里，我认识了不同年级、不同班级的同学，和他们建立了深厚的友谊。特别是六年级的哥哥姐姐，教了我很多，比如如何做好一个合格的大队委。从他们身上，我学到了很多好的习惯和优秀的品质，让我不知不觉地向他们靠拢，让我进步很大。今年我还被评选为学校"优秀大队委"和"优秀绿萝少年"。

我已经从那个略显羞涩的小女孩变成一个在老师同学眼里积极向上、落落大方的小姑娘。我的成长离不开老师的信任，同学的支持，家长的鼓励，这些强大的力量一直是我坚强的后盾，我珍惜每一次进步，我会继续努力。

加油吧，绿萝少年！

第二节　教师成长故事

教育是慢的艺术

李荣辉

来到绿小已有五个年头，在不断地教育实践和探索中我发现，教育是一门慢的艺术，需要持久地关注、耐心地等待，需要潜滋暗长、潜移默化。

302 班的小伟上体育课喜欢乱动，还喜欢和周围同学讲话，我也常点名提醒他，效果却不明显。我就试着一上课就找理由表扬他。因为他所在的第一排一上课就要报数，我就表扬他声音洪亮清晰。他听到表扬心里高兴，就能专心上课好一阵子。临下课他坚持不住了，我就再找个理由表扬他一次。比如，比上节课讲闲话次数少了、跑步的时候姿势很标准……然后他就可以靠着这个表扬坚持专心上完一节课。以后每节课中，我都会注意观察他，拿着放大镜去找他做得好的地方，表扬他。他上课时偶尔也会讲讲小话，但一看到我，就会露出不好意思的眼神。我突然感觉让孩子们不好意思讲话，比不敢讲话要有艺术多了。

慢的教育，需要有静待花开的心态，需要对学生的成长有足够的耐心并充满期待。

我曾带过一个六年级的孩子，上体育课有点管不住自己，为了帮助他进步，我经常找他谈心。次数多了，他误以为我故意找他的毛病，对我很排斥。一次上室内课，无意中看到这个男生写的字很漂亮，我当时就把自己惊喜的心情表达了出来。此后的谈心中，这个男孩眼中就没有对我的那种敬而远之的敌意了。想必我那发自肺腑的赞扬和认可，消除了我与他之间的隔阂和偏见吧。

慢的教育，需要耐心。

为什么要有耐心？因为你有耐心，孩子才会有耐心。很难想象急躁的师长如何能培养有耐心的学生。前两天对一个性格古怪,易怒、易哭的一年级学生进行家访,和家长深入聊过后发现,孩子的这些性格都与家长没耐性有很大关系。这其实也给我们敲响了警钟,在面对学生的时候把步调慢下来,更耐心一些,春风化雨,润物无声。

慢的教育,需要我们经常回望,像牛一样天天反刍自己。

每天抽个时间,或夜深人静,或灯火阑珊,让忙碌中的自己和闲下来的自己对话。

慢的教育,从做一个心思细腻的人开始,从拒绝麻木不仁开始。

台湾女作家龙应台在《孩子,你慢慢来》一书中写了这样一段话:

> "我,坐在斜阳浅照的石阶上,
> 望着这个眼睛清亮的小孩专心地做一件事。
> 是的,我愿意等上一辈子的时间,
> 让她从从容容地把这个蝴蝶结扎好,
> 用她五岁的手指。
> 孩子,你慢慢来,慢慢来。
> 你会找到最满意的窍门。"

这是一种何等美丽的教育场景,这是一种何等美妙的教育艺术。

我愿意做那个坐在石阶上等待的人,以"慢"的心态来对待教育,陪着孩子慢慢地走,慢慢地欣赏孩子成长过程中的快乐,慢慢地等待孩子长大。

带着感动和幸福出发

谭俊芳

记得看过这样一句话:上帝创造了眼睛,不是用来哭泣的,而是用来发现的。从踏进美丽的绿萝路小学开始,一个个和蔼可亲如同兄弟姐妹的同事,一件件微不足道却温暖人心的小事,无时无刻不在感动着我,激励着我不断进步勇敢前行。

身边的小幸福

犹记得当初，带着新奇和憧憬刚步入绿小，我就满心地喜欢上了她的优雅别致，喜欢上了她的典雅清新，喜欢上了她浓郁的文化气息和轻松舒适的工作环境。可得知要转岗教语文，而且要当班主任，面对的还是懵懂无知的一年级孩子，我心里顿时就像有十五只吊桶在打水，七上八下的忐忑不安。是同事们的无私帮助抚平了我的不安，让我在幸福中走过了最为艰难的一年。

开学伊始，首先要面对的是怎样圆满完成报名收费工作，是彭兰苏老师和张静老师无私地向我伸出了援手。他们给我出谋划策，手把手地教我怎样完成报名、收费等一系列琐碎事情。报名工作尾声，又是他们提醒我带领孩子们参观校园，知晓厕所、办公室等关键位置所在。累了整整一上午，直到帮我把这个班拾掇整齐了交给我，他们才功成身退。

低年级孩子自制力差，闲事多，班级工作异常繁杂、琐碎，办公室的几位班主任每天都是忙的团团转。即使这样，他们仍然不厌其烦地回答我的疑问，指点我的工作。

赵苗苗老师，我们的年段组长，脸上经常挂着甜美笑容。是她告诉我第一次家长会的关键性，并且教我怎样顺利拿下；张静老师，我的副班主任，是他在日常工作中，提醒我班级管理要细化，从细微小事做起；卢寅莹老师，她正好就坐在我后面，转头就可以从她那里得到各种细碎问题的答案，是她，给予我最细微的帮助；闫甦老师，她经验老道，十分干练，很荣幸我能成为她的“徒弟”。不论是课堂教学，还是班级管理，她都会将她的经验毫无保留地传授与我……在她们的帮助和指点下，我的语文教学和班级工作很快步入正轨。

在执教《雪地里的小画家》、《小兔运南瓜》时，学校各位领导百忙之中仍然抽出时间来听课。课后，谭校长、周校长、章主任、杨主任等还针对课堂中存在的问题进行评课，大到教学理念，小到具体的课堂操作，都不吝赐教、精心指导，让我受益良多。

……

在新老师见面会上，我说，拥有一份热爱的工作和好的工作环境，这就是幸福。现在我想说，在绿小，就是每个绿小人最引以为傲的幸福！

一节课的感动

那是个阳光灿烂的日子，同往常一样，我们又该学习新课了。不同的是，今天是家长开放日，教室后面坐满了家长。

学习的课文是《坐井观天》，一切都在有条不紊地进行着。为了培养同学们的创造性思维，我要让他们根据课文内容展开想象，以《青蛙跳出井口了》为题进行说话写话训练。同学们的学习兴趣又一下被激发起来，有的和同桌互说，有的前后位凑在一起争论，还有的仰起小脸在思考。

待平静下来，我开始指名回答。有的说："青蛙跳出井口后，看到了无边无际的大海。"有的说："青蛙跳出井口后，看到了高高的山峰和一眼望不到边的田野，田野里开满了五颜六色的花儿，上面飞舞着蝴蝶和蜜蜂，青蛙惊叹，原来天真的是无边无际的。"这时候，一个男孩子说："青蛙从井里跳出来，它到外面看了看，觉得还是井里好，它又跳回了井里。"同学们听了哄堂大笑，我也笑了。我打断了他的话，问大家："是井里好，还是井外好?"我正准备示意他坐下，他又抢着说："因为井口外会有人捉青蛙去吃。"

我的心被震撼了。菜市上常有卖青蛙的，这是有目共睹的，让青蛙跳回井里有什么不好？可我却没有给他一个发表自己观点的机会。震撼之后是莫名的感动，幸亏他抢着说了这么一句话，也给我上了生动的一课：孩子的心灵就像井外那多彩的世界，需要跳出来的恰恰是自以为是的我自己！

倾听是教育的另一种言说，是一种特殊的教育。"风流不在谈锋健，袖手无言味更长"，学会用心灵去倾听！这样，我们会听到学生心灵的诉说，会享受到教育最大的快乐与幸福！

踏入绿小至今,这样的感动每天都在上演,每一天都让我感受到不一样的幸福和喜悦。我会带着满心的感动和无与伦比的幸福感出发,和我们美丽的绿小共同成长,用我们的青春和智慧,谱写人生最美好的篇章!

我和绿萝有个约定

彭　栋

光阴似箭,日月如梭。一年前,我很荣幸地踏进了宜昌市绿萝路小学的大门,一年的学习、生活,使我从内心深处慢慢地喜欢上了这所学校,也爱上了这所学校的一草一木,一情一景。

记得去年八月,我第一次跨进绿小大门,让我眼前一亮,这是学校吗?这分明就是花园嘛!郁郁森森的古树遍布校园的房前屋后,有的已经有百年历史,树干粗得要好几个成人才能环抱。校园的大门口、门厅、走廊、操场两侧、办公室、教室随处可见绿萝,它们或高或矮、或直立或悬垂,都正生机盎然。闭上眼,深深地吸一口气,泥土香、树叶香、若有若无的桂花香丝丝缕缕就钻进了皮肤的每一个毛孔,很是惬意。在这样的环境里工作和学习,何尝不是一件美事?

在这里,“自然的生态,自由地生长”的教育理念让我看到了学校领导一切着眼孩子的教育理念,学校大胆改革,探索出了具有小组合作、以学治教的课堂教学模式,使这种模式不仅培养了学生的自主探索能力和创新能力,而且提高了课堂教学效率;打碎原有的备课模式,采用抄写教案、书本备课与反思结合等阶梯式备课模式使不同工作经历的老师们都得到了长足的发展,也使我校的课程改革走在了的全区学校最前列。

在这里,我找到了家的感觉,有那么多的同事互相关心、互相帮助,他们就像我的亲人。有张静老师做我的师傅,手把手的教我怎么上课、怎么管理好学生。去年至今,我一共听了张静老师 20 多节课,他毫无保留地将他的教学经验和方法等给我一一耐心讲解,让我获益匪浅。上个月在校内上了一节研究课,内容是三年级的轴对称图形,陈小红主任和蒋家敏老师等全体数学老师给予了我无私的帮助，从重难点的突破方法、过渡语的引用、调动学生的学习积极性、课件的直观演示、评价语的充实到课堂上每一句话怎么说等等做了很多的修改和增强，课反复磨了三次，我也在痛苦中挣扎了两个星期，经历了这次水与火的洗礼，我觉得我的教育思想和方法都有了颠覆性的进步。随着上课的增加，我对课程的自我批判意识也得到了进一步的加强，平时的教学过程中也会自觉地去改进课堂教学设计。在这一年中还有默默支持我、帮助我的赵苗苗老师和孙妮娜老师，在这里我想衷心的说一句，谢谢你们，是你们良好的班主任管理，让我这个从没有接触过小学低年级教学的男老师能够从容应对这些六七岁的孩子；和我同处一个办公室韩老师、肖老师和覃老师就象可亲的长者，他们帮我梳理生活中的问题，在我碰到挫折想退却时总是在背后能推我一把，让我有了前进的动力；感谢中段组所有的老师们，这是一个团结、洋溢着无限欢乐的集体，身为其中年龄最小的一名，觉得无比幸运。忙碌时校领导的一个微笑，生病时同事们的一声问候，都带给我无尽的感动。

在绿小的生活忙碌而充实，是学校给了我展示自己能力和施展才华的舞台，是学校给了我拼搏的勇气和力量，我还很年轻，要走的路还太长。我和绿萝有个约定，我会尽我所能，为学校的发展添一块砖，加一块瓦，和大家共同创造绿小的明天。

一一的思念

彭兰苏

在班上，一一比大多数孩子年龄小。但这不妨碍她长得比大多数孩子高大，也不妨碍她的心比大多数孩子敏感。她单名就一个“一”字，我第一次看到时惊讶不已，但随后也在心里赞叹不已。

一一背书的时候会闭上眼睛，粉嫩的眼皮微合着，长长的睫毛卷翘着。她声音轻柔而动听，表情沉醉而投入，令听的人连大气也不敢出，生怕有一点声响，就会打碎一个宁静的梦。

一一是没办法坚持一节课都坐得笔直的，每隔一会儿就得柔软地趴到课桌上去。但她明亮的眼睛还会一直望着你，耳朵和脑筋也不会停下来。不论是老师的提问，还是同学的交流，她总是最早应和的人。她的应和会是欢快的、赞同的笑声，会是坐在位上禁不住的接嘴，也会是娓娓地抓住要害的讲述。对于一一来说，思考是一件有乐趣的事情。但若是遇上完全不能吸引她思考的内容，她也会很快找到自娱自乐的项目。上课时，若是连一一都偷偷地玩去了，我一定会十分沮丧——那只能说明这课程被我安排得太无趣无味了。所以，一一是我非常重要的自评标准。

上完《奇妙的动物世界》，孩子们都回家去写自己养小动物的经历。这些二年级的孩子笔下的纯真可爱的文字不时让我哈哈大笑。看一一写自家的小狗，起初我也是笑个不停——“曲奇很好吃，连卫生纸都吃。”“有时我还得抱着它，让它练习下楼梯。”看着这样有感染力的句子，我的眼前会蹦出一一眨着大眼睛吃惊地望着正在吃纸的小狗，一幅无法理解的样子。还有一一脑门冒汗地佝偻着腰，慌乱又无奈地侍候狗狗下楼梯的样子。真是欢乐无限。可是，看到最后我却笑不出来了——

我家有一只小狗，它叫曲奇。它的鼻子圆圆的，身子长长的，还长了一对棕色的大眼睛。

曲奇很好吃，连卫生纸都吃。每次给曲奇喂狗粮的时候，它就冲着我使劲摇尾巴，吓得我都不敢给它喂狗粮了。

每次我和曲奇去公园玩的时候，它就东跑西串，害得我也跟着跑来跑去。有时我还得抱着它，让它练习下楼梯。

奶奶生病的时候，我把曲奇送给了张阿姨家的姐姐。刚开始觉得方便，后来方便变成了思念。

“刚开始觉得方便，后来方便变成了思念。”最简单的字，最简单的词，最简单的句子，却仿佛有一种深入的魔力，一直深入到人心的最深处去。它与“此情可待成追忆，只是当时已惘然”有异曲同工之妙，却有一种更叫人唏嘘的力量。这是一种独属于孩子们的灵性。只一瞬间，欢乐便凝固了。

我坐在那里，心里反复咀嚼这句子，不觉痴了。

不久，一一因为在公园玩时跌伤了手臂，请了一个月的长假。我不必每隔一会儿，就去拍拍她的腰，提醒她坐直了。课堂上也少了一只长举起的手臂。多少次抬眼望去，只能看到她空空的课桌了。

但如同她的那句话时常会飘到我心里一样，她的样子也会时常浮现在我眼前——

一一趴在桌上，笑眯眯的大眼睛娇柔却目不转睛地看着我，好像在说："好有趣呀，我懂了。"

磨破嘴皮焐热心　静待花开须有时

望成林

小 A 同学长相甜美、待人有礼，可每次遇到一点困难，就急得抓耳挠腮。一次听写时，她没带听写本，急得在座位上哭，不知道想办法在草稿本上写。

她不仅遇到困难不会想办法解决，还总是怀疑自己的能力，对自己没有一点信心。在一次 50 米的测试时，她就愁眉苦脸地跑过来说："望老师，我能不能不参加呀?"我告诉她："测试结果要计入体育成绩的。每人都要参加。"她就边走边哭："我跑不快"。

可最近几天，连家庭作业也没完成。于是我把她叫来，和她谈心。

师：你怎么这几天作业都没完成呢?

生：我爸爸、妈妈最近工作都很忙，没时间管我。

师：你爸爸的电话是多少?

生：139……

师给父亲打电话，反映了孩子近期的学习状况。

师：爸爸、妈妈工作忙，可是你的作业应该完成呀!

生：昨天我上英语培训班，回家已经 7 点了。吃完晚饭，快八点才开始写作业。

师:你中午睡午觉没?

生:我没睡,没有睡午觉的习惯。

师:如果你中午没有睡午觉的习惯,中午也可以做点呀,放学后就可以少做点。

生:老师,我中午不敢回家了。

师:为什么?

生:我怕爸爸打我。

师:给爸爸好好承认错误,然后迅速补作业,爸爸应该会原谅你。

生:中午没时间写。

师:为什么?

生:我爸爸一批评我就批评两个小时。

师:你可以给爸爸建议呀,比如“你能不能少批评一会,等我做完作业你再批评”。

生:我爸爸根本不听我的,他喜欢吼我。

师:你可以给爸爸写信呀,偷偷地放在他床头,爸爸不就发现了吗?

生:没用,我上次就采用了这种方法,可是没有效果,他还是喜欢吼我。

师:你也可以和妈妈、奶奶沟通,让她们给爸爸说。

生:也没用,我爸爸是一家之主。

和孩子交流完后,我静下心来想了很久,我发现小 A 出现的种种问题,其根源在于极度缺乏自信。于是我就带“放大镜”仔细寻找孩子身上的优点,并且在全班同学面前及时表扬孩子的点滴进步。经常对她说:“只要遇到困难时相信自己,静下心来思考,想办法去解决,你一定会克服的。”渐渐地,她遇到难题时,能想办法了。一次大课间活动,有一位同学的毽子掉到了篮球架上的栏框上,那位同学使劲地摇篮球架,可篮球架上的毽子纹丝不动。她发现后马上返回教室拿来凳子和扫帚,然后站在凳子上,用扫帚把毽子扫下来了。再遇到集体活动时,她就静静地站在一旁,仔细观察,虽然她有时也有过退缩,但每次都在我和同学们的鼓励下参加了。

我想:解铃还需系铃人,还需要谋求家长的重视和配合。于是我手击键盘把和孩子交流的经过通过 QQ 发给家长。

家长看后也给我留下言,留言的内容如下:

看了您和孩子的对话,我进行了深刻的反思。毕竟在孩子学习屡犯错误的时候,作为父亲的我因缺乏耐心,打过她也骂过她,仔细想来,感觉内疚!

孩子正处于成长阶段,需要父母耐心的教育。我今后要尽可能地推掉一些应酬,回家陪孩子一起学习,特别是在她学习上的薄弱环节,要多辅导,耐心讲解,直到她懂为止。即使她还是不会,我也要控制情绪,调整思路,尽力而为。

也非常感谢老师的辛勤付出。我愿与老师加强联系和沟通,共同促进孩子的进步和成长!

看了她爸爸的留言,再看到孩子的变化,我感慨万千。只要蹲下来和孩子交流,倾听孩子心底的声音,帮助孩子查找原因,分析问题,再找到解决问题的方法,一定会静待花开!

后　　记

当校长近二十年的时间里，我先后在区里四所学校工作，每所学校各有特点，在每所学校的工作时间也长短不一，最短的是三个月，最长的就是在绿萝路小学。无论是在哪里，我都倾心尽力，在实践中不断地追寻着教育本源。还记得不惑之年的那个暑假，我接到了创办一所新学校的任务，当时的心情很是复杂，既有意外，也有忐忑。但当我第一次走进绿萝路小学建设工地时，我被这块土地深深地吸引了。学校依山而建，占地虽小，却紧邻公园，绿树环抱，当我站在三楼露天平台，仰望天空时，心中升起一个愿望，我要把这里办成我的教育理想之园。

对于绿萝路小学，我有一种特别深厚的感情，犹如一个初生的婴儿，在我的精心养育下成长起来。或许是因岁月的积淀，加之对教育理解的沉淀，这所学校从开办的初期就带有教育理想色彩，生命、生长、生态成为绿萝路小学教育的DNA。九年来，从办学理念的提出到学校文化的构建，从课程的宏观建设到课堂的微观研究，我们走过了一段既有价值更有意义的破冰之旅，虽然许多地方还显得有些粗浅，但是我们始终保持着对优质教育的憧憬和挑战现实的勇气，在对教育本质的反复叩问中迂回前行。

在这本书出版之际，正好迎来绿小开办十年，站在这个时间的节点，既是一种对过去的回望，更是一种对未来的承诺，为了更好地重新出发的一种准备。我想谨以此书献给绿小以及并肩走过的同仁们！在此特别感谢华东师范大学基础教育改革与发展研究所所长杨小微以及他的团队的指导！感谢华中师范大学教育学院毛齐明教授的指导！感谢为绿小发展贡献力量的老师们！感谢刘亚庆、赵小希、章世娥、赵鑫等老师的支持！还要感谢绿萝路小学的“绿宝”们带给我的惊喜与感动！

2019 年 12 月 9 日

于绿萝路小学

图书在版编目(CIP)数据

生态与生长 / 谭娟著. —上海:上海三联书店,2019.12
ISBN 978 -7 -5426 -6819 -6

Ⅰ.①生… Ⅱ.①谭… Ⅲ.①中小学 - 学校管理 - 研究
Ⅳ.①G637

中国版本图书馆 CIP 数据核字(2019)第 247057 号

生态与生长

著　　者　谭　娟

责任编辑　钱震华
装帧设计　陈益平

出版发行　上海三联书店
(200030)中国上海市漕溪北路 331 号
印　　刷　上海昌鑫龙印务有限公司

版　　次　2020 年 5 月第 1 版
印　　次　2020 年 5 月第 1 次印刷
开　　本　700×1000　1/16
字　　数　210 千字
印　　张　15.5
书　　号　ISBN 978 -7 -5426 -6819 -6/G·1546
定　　价　68.00 元